Thomas Weißenborn
ANDERS LEBEN

Thomas Weißenborn

ANDERS
LEBEN

Eine Familie **fair**sucht's

Über den Autor:
Dr. Thomas Weißenborn ist theologischer Leiter am Marburger Bildungs- und Studienzentrum (mbs). Er ist verheiratet und lebt mit seiner Frau und vier Kindern in Marburg.

Bibliografische Information Der Deutschen Bibliothek
Die Deutsche Bibliothek verzeichnet diese Publikation
in der Deutschen Nationalbibliografie;
detaillierte bibliografische Daten sind im Internet
über http://dnb.ddb.de abrufbar.

ISBN 978-3-86827-371-7
Alle Rechte vorbehalten
© 2013 by Verlag der Francke-Buchhandlung GmbH
35037 Marburg an der Lahn
Umschlagbild: © iStockphoto.com / browndogstudios
Umschlaggestaltung: Verlag der Francke-Buchhandlung GmbH,
Sven Gerhardt
Satz: Verlag der Francke-Buchhandlung GmbH
Druck und Bindung: CPI Moravia Books, Korneuburg

www.francke-buch.de

Inhalt

hinhören 7
anfangen.. 17
wegsehen 25
Herr, bin ich's? 33
beobachten 39
fahren... 51
gehen 61
Herr, bin ich's? 69
essen 73
anziehen 83
selbermachen 93
Herr, bin ich's? 101
schenken.. 105
teilen 113
nachdenken..123
Herr, bin ich's? 133

Für meine Familie:
die, aus der ich komme,
die, in der ich lebe,
und die, der ich gern weitergeben würde,
was mir wichtig ist

Rise up Shepherd, rise up
Your flock has roamed far from the hill …
Forty days and nights
Of rain washed this land
Jesus said the money changers,
In this temple will not stand
Find your flock,
Get them to higher ground
The floodwater's rising,
We're Canaan bound

Bruce Springsteen, „Rocky Ground"

hinhören

Ende des letzten Millenniums lebten meine Frau und ich für ein Jahr in London. Es war auf dem Höhepunkt der BSE-Krise. Die Älteren erinnern sich sicher noch: Vor allem in Großbritannien trat eine mysteriöse Viehkrankheit auf, die zuerst Schafe, später aber vor allem Kühe betraf. Die von ihr befallenen Tiere verhielten sich völlig unnatürlich und verendeten schließlich qualvoll. Obduktionen ergaben, dass sich ihr Gehirn zersetzt hatte. Was vorher graue Zellen gewesen waren, war nun nur noch eine breiige Masse. Noch gruseliger war freilich die Tatsache, dass eine ähnliche Erkrankung auch unter Menschen existierte, dort Kreutzfeld-Jakob-Krankheit genannt.

Die Europäische Union verhängte daraufhin ein Importverbot für britisches Rindfleisch, was auf der Insel gar nicht gut ankam. Jeden Tag konnte man im englischen Fernsehen britische Landwirtschaftsexperten und Politiker sehen, die versicherten, das Fleisch sei vollkommen unbedenklich und die Reaktion der EU völlig überzogen. Manche gingen sogar so weit, sich beim Essen von saftigen Steaks filmen zu lassen. Ja, das Essen von Fleisch wurde solch ein patriotischer Akt, dass die Fastfoodkette McDonald's einen massiven Umsatzeinbruch erlitt, nachdem sie in einer Anzeigenkampagne verkündet hatte, man verwende seit jeher für die Burger ausschließlich argentinisches Rindfleisch. Bei Burger King, der im Gegenzug verlauten ließ, man sei nun auf britisches Rindfleisch umgestiegen, gingen dagegen die Umsätze in die Höhe.

Und dazwischen waren wir als Deutsche, die einerseits der Gefahreneinschätzung der EU-Kommission im Grunde Glauben schenkten – schließlich gab es in Großbritannien tatsächlich mehr Fälle einer neuen Form der Kreutzfeld-Jakob-Krankheit als auf dem Kontinent –, andererseits aber nun einmal in der Hauptstadt des Vereinigten Königreiches wohnten. Eine typische Begegnung mit englischen Freunden verlief denn auch in etwa so:

> Auf dem Höhepunkt der BSE-Krise lebten meine Frau und ich für ein Jahr in London.

Freund/Freundin: Hey, wir haben uns schon lange nicht mehr gesehen! Wie geht es euch denn so? Habt ihr euch hier gut eingelebt?
Wir: Ja sehr, uns gefällt es hier sehr gut.

Freund/Freundin: Bitte, was habt ihr gesagt? Hier ist es so laut und hektisch. Am besten treffen wir uns einfach mal in Ruhe. Hättet ihr Lust, am Wochenende zum Essen vorbeizukommen?

Und wenn dann das Wochenende da war, zauberten die entsprechenden Freunde ein typisch englisches Menü hervor. Es bestand im Wesentlichen darin, dass man den gesamten Inhalt eines Kühlschrankes ungewürzt in eine Auflaufform tat und für ungefähr drei Stunden in den Backofen schob. Das Ganze wurde dann auf einem Teller in Gravy, einer beigefarbenen, relativ geschmacksneutralen Soße geradezu ertränkt.

Freund/Freundin *(uns die Teller vor die Nase stellend)*: Ich habe heute zufällig Rindfleisch gemacht. Das ist doch okay für euch, oder?

Tja, was soll man da sagen? Wenn das Zeug infiziert war, hätten wir noch drei bis vier Jahre bis zum Ausbruch der Krankheit, vielleicht auch länger. In jedem Fall wären es aber nur ein paar Sekunden, bis unsere Freunde richtig sauer auf die Arroganz der Kontinentaleuropäer werden wür-

> Es braucht nicht viel, um einen Engländer auf Europa sauer werden zu lassen.

hinhören

den, wenn wir das Essen verweigerten. Und man braucht wirklich nicht viel, um einen Engländer auf Europa sauer werden zu lassen. Ein guter Grundstock dazu ist immer vorhanden.

Was dabei nie thematisiert wurde, war die Tatsache, dass die ganze BSE-Problematik daher rührte, dass man Schafe und Rinder mit Tiermehl fütterte, also zu Trockenmehl verarbeiteten Schlachtabfällen. Vegetarier wurden damit nicht nur zu Fleischfressern, sondern unter Umständen sogar zu Kannibalen. Man hätte also die weitere Ausbreitung der Seuche sofort stoppen können, indem man einfach kein Tiermehl mehr verfütterte. Aber das war offensichtlich nicht möglich, weder in Großbritannien noch auf dem Kontinent. Selbst die regelmäßig im Fernsehen gezeigten Bilder von riesigen Tierkadaverbergen, die zum Verbrennen mit Gabelstaplern und Baggern zusammengeschoben wurden, führten hier zu keinem Umdenken. Mittlerweile ist die Krise vorbei und vergessen. Aber Tiermehl wird noch immer verfüttert.

Vielleicht war das die Zeit, in der uns zum ersten Mal auffiel, dass etwas grundfalsch ist an der Art, wie wir leben. Jedenfalls hat es uns hellhörig werden lassen. Das ist ja ein seltsames Phänomen. Während man recht einfach die Augen verschließen kann, geht das mit den Ohren überhaupt nicht.

Man bekommt Dinge mit, ob man nun will oder nicht. Und das haben wir. In den Jahren danach gab es ja noch diverse andere Lebensmittelskandale. Ich kann sie nicht mehr alle aufzählen, weiß aber noch sehr gut, dass sich unser Fleischkonsum regelmäßig fundamental geändert hat. Zuerst haben wir Rindfleisch gemieden, als dann aber Dioxin im Schweinefleisch gefunden wurde, war Rindfleisch plötzlich wieder in Ordnung, vor allem, weil Geflügel ja bekanntlich besonders mit Antibiotika belastet ist. Vielleicht ist das der Grund, warum Hühnersuppe so gut gegen Erkältung ist.

> Während der BSE-Krise fiel uns zum ersten Mal auf, dass etwas grundfalsch ist an der Art, wie wir leben.

Die Geschichte mit dem Schweinefleisch war auch so etwas, wo wir nicht hinsehen wollten, aber hinhören mussten. Irgendwer in Norddeutschland (wer, wird ja gern verschwiegen, um nicht den Produktionsstandort als solchen zu gefährden) hatte offensichtlich Industrieabfälle an Schweine verfüttert. Das an sich war anscheinend gar nicht so schlimm, sondern gängige Praxis. Nur diesmal hatte es einer zu weit getrieben, denn nun waren mit Dioxin belastete Industriefette dabei gewesen, die eigentlich zur Entsorgung vorgesehen waren.

Das erinnert ein bisschen an die immer wiederkehrenden Gammelfleischskandale, wo verdorbene Schlachtabfälle feingemahlen und gut gewürzt an Schnellimbisse verkauft wurden. Als ich noch

hinhören

ein Kind war, tadelte mich meine Oma immer, wenn ich ein Stück zu fettiges Fleisch auf dem Teller liegen ließ. In der armen Zeit nach dem Krieg hätten sie schließlich alles gegessen. Mittlerweile fürchte ich, dass ich derjenige bin, der wirklich alles isst, sogar Hufe, Fell und Knochen. Und das Ganze überbacken mit einem Algenextrakt, das auf den verheißungsvollen Namen „Analogkäse" hört.

Wie gesagt, ich weiß nicht mehr genau, wann bei uns alles angefangen hat. Es war vielleicht ein bisschen so wie bei anderen Bekehrungen auch. Im Nachhinein sieht man die Linien, die dorthin geführt haben. Davor jedoch erscheinen sie einem wie unzusammenhängende Zufälle, bis man eines Tages aufwacht und weiß, dass man so nicht mehr weiterleben möchte. So war es jedenfalls bei uns. Es war nicht der eine Skandal, der das Fass zum Überlaufen brachte. Es war eher die Selbstverständlichkeit, mit der solche Skandale auftraten,

und der alltägliche Wahnsinn, den sie enthüllten. Dinge wie die Tatsache, dass die meisten produzierten Antibiotika in der Tiermast enden. Oder dass Pflanzenfresser längst keine mehr sind. Oder dass Industrieabfälle im Futtertrog landen.

Und mit dem Essen hört es ja nicht auf. Auch wenn vergiftete

Flüsse und rauchende Schlote bei uns längst der Vergangenheit angehören, liegt das doch oft nur daran, dass die entsprechende Produktion ins Ausland verlagert worden ist, in Gegenden, wo man sie von hier aus im wahrsten Sinne des Wortes nicht mehr sieht. Aber man hört trotzdem immer noch genug, um sich ein Bild machen zu können. Etwa von Kriegen in Afrika, die um für die Handyproduktion nötige Rohstoffe geführt werden. Oder von Regionen in China, in denen „seltene Erden" gefördert werden, für die Chipproduktion unerlässliche Metalle, die eigentlich gar nicht so selten sind, wie der Name vermuten lässt. Sie werden in Europa nur nicht gefördert, weil man sie allein mit einem enorm giftigen Chemiecocktail aus dem Boden spülen kann, was dank unserer Umweltauflagen zu hohen Produktionskosten führen würde. In China dagegen werden sie recht günstig aus der Erde geholt. Man ahnt, warum ausländische Journalisten die entsprechenden Gegenden nicht betreten dürfen.

Dazu kommen die Bilder. Bilder von einer brennenden Textilfabrik in Pakistan oder Bangladesch, wo viele Arbeiterinnen aufgrund verschlossener Notausgänge im Feuer umkamen. Bilder von end-

> Auch wenn vergiftete Flüsse und rauchende Schlote bei uns längst der Vergangenheit angehören, liegt das oft nur daran, dass die entsprechende Produktion ins Ausland verlagert worden ist.

losen Bändern in einer Fabrik in einer Sonderwirtschaftszone in China, in der praktisch die gesamte Glitzerwelt unserer Unterhaltungshardware hergestellt wird – Computer, Spielekonsolen, Handys, Tablet-PCs. Bilder von Kindern in Indien, die in Steinbrüchen arbeiten, um das Pflaster für unsere öffentlichen Plätze herzustellen. Auch da fällt es schwer, die Augen zu verschließen.

> Es fällt schwer, die Augen zu verschließen, wenn Kinder in Indien in Steinbrüchen arbeiten, um das Pflaster für unsere öffentlichen Plätze herzustellen.

Wer genau hinsieht, entdeckt die Auswirkungen auch bei uns: Wie kann ein Teppich in einem schwedischen Möbelhaus weniger als zehn Euro kosten? Wie ist es möglich, eine komplette Garderobe, also T-Shirt, Hose, Unterwäsche und Jacke, bei einem Klamottendiscounter für unter dreißig Euro zu erwerben? Warum ist so viel elektronisches Spielzeug so billig, dass es Comiczeitschriften als Gimmick und Fastfoodketten als Dreingabe für ihre Kidsmenüs praktisch verschenken können? Dass hier vieles nicht mit rechten Dingen zugeht, sondern auf nackter Ausbeutung und hemmungsloser Umweltzerstörung aufbaut, kann man doch kaum leugnen, selbst wenn es schwerfällt, diesen Verdacht bei einem einzelnen Produkt zu erhärten, weil dazu die Herstellungswege zu verschleiert sind.

Eines Tages hatten wir jedenfalls genug vom bloßen Unwohlsein. Wir wollten da nicht mehr mitmachen. Als Familie haben wir uns deshalb entschlossen, unseren Lebensstil zu überdenken und dort grundlegend zu ändern, wo es nötig ist. Dabei wollten wir uns von Anfang an an drei Prinzipien orientieren: Zum einen wollten wir, wo es irgend geht, Umweltzerstörung und Ausbeutung vermeiden. Das ist an sich schon schwer genug, weil wir ja in einem System leben, in dem beides zum Lebensstil dazugehört.

> Eines Tages hatten wir genug vom bloßen Unwohlsein. Wir wollten da nicht mehr mitmachen.

Gleichzeitig wollten wir aber nicht ganz aussteigen – nicht, weil wir das nicht wenigstens kurzzeitig in Erwägung gezogen hätten, sondern weil wir einen Lebensstil leben wollten, den andere ebenfalls übernehmen können. Ein Achtzig-Millionen-Volk in einer Industriegesellschaft kann jedoch nicht einfach zu einer vorindustriellen landwirtschaftlichen Selbstversorgung übergehen. In vielen Bereichen würde das ja auch keinen Sinn machen. Niemand möchte etwa auf die Errungenschaften der modernen Medizin oder viele technische Hilfsmittel verzichten. Deshalb bringt die Verteufelung der Moderne überhaupt nichts. Es geht vielmehr darum, in ihr so zu leben, dass sie insgesamt auf besseren Füßen steht.

Damit aber sind wir beim dritten Prinzip, von dem wir uns leiten lassen wollten: Wir wollten uns die ganze Zeit über selbst beobachten, was der notwendige Verzicht mit uns macht, wollten erkennen, warum wir konsumieren, was wir mit den Dingen verbinden, um dort, wo es nötig ist, etwas anderes an ihre Stelle zu setzen. Das Ganze war und ist also ein Experiment, eine Reise, in der wir noch längst nicht am Ziel sind. Allerdings gibt es schon genügend Erfahrungen, über die ich hier berichten kann.

anfangen

Ich gebe zu, dass ich nicht besonders sportlich bin. In meiner Familie spielte Sport im Gegensatz zu der von meiner Frau nie eine besonders große Rolle. Während sie von ihren Eltern zu immer neuem Ehrgeiz angestachelt wurde – was zu einer enormen Kollektion von Trophäen unterschiedlichster Sportarten und Wettkämpfe führte, die nun alle einträchtig verstauben – bekam ich von meinem Vater eher Bemerkungen wie „dumm und stark" oder „Sport ist Mord und Breitensport ist Massenmord" zu hören. Was mir darüberhinaus besonders fehlt, ist so etwas wie ein Bewegungsgen, eben jener Teil der Erbanlage, der für den Bewegungsdrang zuständig ist. Deshalb war ich in meiner Jugend glücklich und zufrieden, wenn ich vor dem Fernseher sitzen konnte.

Aber aus jedem Paradies wird man eines Tages vertrieben. Bei mir geschah das mit der Einberufung zum Wehrdienst. Die Bundeswehr galt damals noch als „Schule der Nation", in der nichtsnutzigen jungen Männern wie mir nicht nur Zucht und Ordnung, sondern auch so grundlegende Kulturtechniken wie Putzen, Waschen und Nähen beigebracht wurde. Und eben Sport. Ganz wichtig, denn wer in den Krieg ziehen soll, muss vor allem rennen können. Und damit die verweichlichte Jugend das lernte, setzten unsere Vorgesetzten einmal pro Woche einen Siebentausend-Meter-Lauf auf den Dienstplan.

> Aus jedem Paradies wird man eines Tages vertrieben.

Siebentausend Meter erschienen mir damals als schier unglaubliche Distanz. Meine Schule war zwölf Kilometer von meinem Heimatdorf entfernt gewesen, das war schon fast auf einem anderen Planeten. Bei lange andauerndem schönen Wetter konnte ich diese Strecke in einer Stunde mit dem Fahrrad bewältigen (wobei es dann vermutlich mehr Kilometer waren, weil ich nicht auf öffentlichen Straßen unterwegs war). Allein der Gedanke, mehr als die Hälfte davon zu rennen, trieb mir den Angstschweiß ins Gesicht – womit ja das erste Ziel des Sportes, den Kreislauf einmal so richtig in Wallung zu bringen, schon beim Blick auf den Dienstplan erfüllt wurde.

An einem Mittwochmorgen war es dann so weit: Unsere ganze Kompanie stand in blauen Trainingsanzügen mit Bundesadler auf der Brust am Waldrand (abgesehen von den Vorgesetzen natürlich, die sich in dieser Zeit um die Landesverteidigung kümmerten, um uns den Rücken frei zu halten) und harrte der Dinge, die da kommen sollten. Sie kamen in Gestalt eines Unteroffiziers, den meine Oma wohlwollend „etwas kräftiger gebaut" genannt hätte. Man könnte auch sagen, er hatte es eher schwer im Leben, so um die hundertfünfzig Kilo schwer. Und der sollte mit uns Waldlauf machen?

Dann ging es los. Unser Unteroffizier legte ein enormes Tempo vor, so viel hätten wir ihm gar nicht zugetraut. Allein der Gedanke, das noch rund sechstausendneunhundertundneunzig Meter durchhalten zu müssen, ließ mir die Sinne schwinden. Aber schon ein paar Meter weiter war es vorbei. Wir waren gerade erst im Wald angekommen, da machte unser Anführer auch schon hinter der ersten Kurve schlapp. Nach hundert oder hundertfünfzig Metern ging ihm völlig die Puste aus, und er ließ uns vorbeiziehen. Auf die gesamte Gruppe hatte das übrigens einen sehr mäßigenden Effekt, denn wir gestalteten die nächsten Waldläufe völlig anders: Am Anfang ein kurzer Sprint, um Abstand zwischen uns und dem Unteroffizier zu gewinnen, dann ein leichter Trab, um den Abstand zu halten, und spätestens ab der zweiten Wegbiegung ein gemütlicher halbstündiger Waldspaziergang,

während rund hundert Meter hinter uns ein keuchendes Brüllen zu hören war, wir sollten rennen, nicht gehen.

Allem Anfang wohnt ein Zauber inne, heißt es so schön. Meiner Erfahrung nach ist der aber leider schnell entzaubert und dann heißt es vielleicht eher: Als Tiger gestartet, als Bettvorleger gelandet. Als wir angefangen haben, unseren Lebensstil als Familie in Richtung Nachhaltigkeit zu verändern, schwirrten uns natürlich solche Gedanken durch die Köpfe. Es ist ja so leicht, morgens aufzustehen, dreimal tief durchzuatmen und dann fröhlich zum Waldrand zu traben mit dem festen Entschluss: Ab heute bin ich sportlich! Nur leider geht das nicht so einfach. Allzu schnell wird man schlichtweg zur Lachnummer, was dann wiederum dazu führt, dass man sich selbst gar nichts mehr zutraut. Aber das ist vielleicht auch zu kurz gedacht. Vermutlich ist nämlich nur ein Siebentausend-Meter-Lauf mit hohem Tempo ein schlechter Start. Stattdessen sollte man vielleicht einfach nur ein paar etwas weniger gemächliche Runden um einen Sportplatz drehen und das dann langsam steigern.

> Allem Anfang wohnt ein Zauber inne.

Wenn man dieses Bild auf das Leben insgesamt überträgt, wird schnell klar, dass wir uns zu Anfang nicht an irgendwelchen strammen Naturburschen orientieren wollten, die in jeder Hinsicht vorbildlich leben (ganz abgesehen davon, dass wir niemanden kannten, der diesem Bild entsprochen hätte). Aber auch etwas anderes war von Anfang an klar, nämlich die Angst, es irgendwie zu übertreiben. Ich weiß, das klingt komisch, wenn man noch nicht einmal angefangen hat. Aber es ist so wie bei einem sehr übergewichtigen Menschen, den ich vor ein paar Jahren kennenlernte. Der sagte mir, das, was ihn am meisten vom Abnehmen abhalte, sei die Angst, dass er dann nichts mehr „zuzusetzen" habe, wenn er einmal krank werde. Diese rund hundert Kilo Angst kenne ich nur allzu gut.

> Zu Anfang unseres Experiments wollten wir uns nicht an irgendwelchen strammen Naturburschen orientieren, die in jeder Hinsicht vorbildlich leben.

Verkörpert wurde sie durch einige meiner Klassenkameraden in der Schule, die wir damals abfällig „Ökofreaks" nannten. Man konnte sie schon von Weitem als solche erkennen: schlabberige Pullis, klobige Schuhe, fettige Haare, bei den Jungs länger, bei den Mädchen kurz und rot gefärbt. Wenn es irgend ging, stiegen sie aus einem uralten VW-Bus oder einem Passat Kombi, der schon an mehreren Stellen geflickt war und beim Starten dicke, schwarze Rußwolken aus dem Auspuff blies. Das war übrigens nicht das Einzige, was etwas seltsam roch. Ihre Mütter benutzten offensichtlich auch ein Waschmittel der Marke „Muff

ultra", jedenfalls umgab die Kinder eine entsprechende Aura.

Nur damit jetzt keiner denkt, ich hätte Vorurteile: Einer dieser Jungs war einer meiner besten Freunde. Sein Hobby war Segelfliegen, worum ich ihn unendlich beneidete, vielleicht auch deshalb, weil ich es nach Aussage seines Vaters nie hätte anfangen können. Denn der Magen bleibt bei so einem rauen Flug nur dann da, wo er anatomisch sein soll, wenn die Körpersäfte in Ordnung sind oder so. Ich bin einmal mitgeflogen, es ist tatsächlich so, als würde man einen Holzstuhl in einen Sportwagen bauen und dann über einen Feldweg brettern, aber meine Säfte waren zu seinem großen Erstaunen in Ordnung, obwohl ich mich seiner Ansicht nach eigentlich nur von Dreck ernährte.

Das war ein Kompliment, das ich ihm nur zurückgeben konnte. Sein Sohn, wie gesagt, einer meiner besten Freunde, schenkte mir nämlich zum Geburtstag einmal ein Buch mit dem schönen Titel „Urin – ein ganz besonderer Saft". Ja, „Saft" war wörtlich gemeint. Der Autor verfocht die These, dass man durch das regelmäßige Trinken des eigenen Urins vor allen möglichen Krankheiten geschützt sei. Ich habe es nie ausprobiert, wohl auch, weil ich mir nicht sicher war, ob ich dann nicht lieber an den verschiedenen Krankheiten leiden wollte. Eines war mir jedenfalls spätestens an diesem Tag klar: Ich wollte nie ein Ökofreak werden.

Wir haben deshalb als Familie auch gar nicht mit den klassischen Themen der Umweltbewegung begonnen. Unseren Strom haben wir erst nach einer Weile auf erneuerbare Energien umgestellt. Beim Einkaufen sind wir bei unserem bekannten Supermarkt geblieben, haben ihn aber durch einen regelmäßigen Gang auf den Wochenmarkt und einen Biosupermarkt direkt daneben ergänzt. In Bezug auf unsere Kleidung haben wir lange gesucht, um etwas zu finden, was nicht dem Ökofreak-Image entspricht, und stattdessen unsere Kleidung weitergetragen. Und eine Solaranlage haben wir bis heute nicht auf dem Dach.

Verzögert und erschwert wurde unser Anfang jedoch auch noch durch etwas anderes. Wir haben es in den Medien ja oft mit riesigen, globalen Problemen wie Klimawandel oder einer ungerechten Weltwirtschaftsordnung zu tun, Problemen, die so groß sind, dass sich selbst Regierungen die Zähne daran ausbeißen. Was können wir als kleine Familie dagegen tun? Bringt es überhaupt etwas, sich anders zu ernähren oder weniger Auto zu fahren? Die Antwort ist Ja und Nein. Nein, natürlich bringt es nichts, wenn

> Bringt es überhaupt etwas, sich anders zu ernähren oder weniger Auto zu fahren?

einer, zwei, drei oder sogar noch ein paar mehr Leute anders leben. Das wird in keiner Statistik sichtbar werden. Andererseits bringt es natürlich etwas, denn wenn man davon überzeugt ist, dass das eigene Leben grundfalsch ist, dann muss man es ändern, so weit man es kann. Ansonsten verliert man die Selbstachtung.

Und ich würde sogar noch einen Schritt weiter gehen: Ich bin davon überzeugt, dass wir Menschen im Wohlstandsgürtel der Welt unseren Lebensstil nicht nur nicht auf die anderen Regionen dieser Erde ausbreiten können, sondern sogar selbst nicht durchhalten werden. Dafür fehlen uns schlichtweg die Ressourcen. Der Spruch: Wir leben so, als hätten wir noch eine zweite Erde im Kofferraum, ist zwar etwas plakativ, trifft den Nagel aber auf den Kopf. Und wenn wir einen Lebensstil nicht durchhalten können, dann sind wir als Eltern gefragt, unseren Kindern etwas anderes und Besseres beizubringen. Das war letztlich der ausschlaggebende Grund, warum wir trotz aller Schwierigkeiten eines Tages einfach angefangen haben.

> Wir leben so, als hätten wir noch eine zweite Erde im Kofferraum.

wegsehen

Damals im Jugendkreis der Gemeinde träumten wir immer davon, missionarisch zu leben. Aber nicht wie die Zeugen Jehovas, die mit dem „Wachtturm" in der Hand in der Fußgängerzone stehen oder von Haus zu Haus ziehen. Nein, bei uns würde das viel besser sein. Wir würden einfach so anders leben, dass unsere Zeitgenossen uns ständig mit Fragen bombardierten. Gemäß dem Motto des Franz von Assisi würden wir das Evangelium so verkündigen, dass wir nur zur Not Worte gebrauchen müssten.

Das hat leider nicht ganz geklappt, und zwar aus zwei Gründen. Zum einen fürchte ich, dass sich mein Leben nicht so sehr von dem meiner Mitmenschen unterscheidet, dass sie überhaupt ins Fragen kommen, und zum anderen interessiert es sie auch gar nicht, was ich mache, selbst wenn es anders ist.

Den zweiten Grund muss ich allerdings bei nochmaligem Nachdenken von der Liste streichen. Ohne es wirklich zu wollen, bin ich nämlich an zwei Stellen missionarisch: wenn es ums Laufen und Fernsehen geht. Seit unsere Familie das Auto oft stehen lässt und regelmäßige Wege zu Fuß oder mit dem Fahrrad erledigt, werden wir immer wieder darauf angesprochen. Dabei bringen wir das Thema gar nicht auf den Tisch, wir laufen einfach. Dann sieht uns eine Nachbarin und kommt plötzlich in eine Defensivhaltung. Sie würde ja auch gern laufen, aber sie habe keine Zeit, deswegen müsse sie das Auto nehmen. Und in die Stadt sei es sowieso zu steil (es sind hundertzwanzig Höhenmeter, zuerst hinunter und dann wieder hinauf). Vielleicht kommt auch der allgegenwärtige Sicherheitsaspekt zur Sprache, vor allem, wenn es um laufende Kinder geht.

> Seit unsere Familie das Auto oft stehen lässt und regelmäßige Wege zu Fuß oder mit dem Fahrrad erledigt, werden wir immer wieder darauf angesprochen.

In solchen Fällen bleiben wir ganz sachlich und sagen die Wahrheit. Uns geht es gar nicht darum, alle Welt zum Laufen zu bekehren, wir haben einfach nur gemerkt, dass uns das Laufen guttut. Als Familie haben wir selten bessere Gespräche als dann, wenn wir gemeinsam irgendwohin laufen. Und sowieso ist Laufen eine gute Form der Bewegung. Wer regelmäßig in die Stadt läuft, spart also nicht nur

Benzin, sondern auch die Beiträge fürs Fitnessstudio.

Nichts ist so entwaffnend wie diese Offenheit. Würden wir mit „www.alle-sollen-laufen.de"-T-Shirts herumstolzieren, wäre für jeden klar, dass hier eine neue „Bewegung" oder ein „Trend" gestartet werden soll. Damit könnte man umgehen, indem man die üblichen Tricks und Ausreden der Konsumgesellschaft anwendet: „Nee, das ist nichts für mich." – „Ich bin schon im ADAC, und ein Verein genügt." Oder: „Ich weiß gar nicht, wo ich in meinem vielbeschäftigten Alltag noch die Zeit für so etwas hernehmen soll." Aber wenn Leute einfach nur laufen und nichts von einem wollen, dann regt sich plötzlich das schlechte Gewissen. Denn eigentlich könnte man ja auch laufen. Und nur die eigene Bequemlichkeit hält einen davon ab. Oder um es mit den Worten eines Kollegen zu sagen: „Wenn du läufst, dann muss ich wenigstens mit dem Fahrrad fahren."

Ähnlich unfreiwillig missionarische Begegnungen hatten meine Frau und ich ansonsten nur in Bezug auf die Tatsache, dass wir keinen Fernseher besitzen. Auch da würden wir gern sagen können, dass es sich um eine bewusste Entscheidung nach tagelangem Fasten und Beten handelt, aber dem ist nicht so. Meine Frau – die ja ihre Kind-

> Ein Kollege sagte zu mir: „Wenn du läufst, dann muss ich wenigstens mit dem Fahrrad fahren."

heit und Jugend auf irgendwelchen Sportplätzen zugebracht hat – hatte sich noch nie besonders dafür interessiert. Ich dagegen hatte zunächst gar keine Idee davon, was man ansonsten abends machen kann, musste mir aber notgedrungen etwas ausdenken. Als ich nämlich zum Studium in eine andere Stadt zog, wohnte ich in einem Zimmer unter dem Keller (ja wirklich, es war ein Mehrfamilienhaus am Hang) mit einem entsprechend bescheidenen Fernsehempfang. Mit meiner Zimmerantenne bekam ich nur ein verschneites drittes Programm und das noch in Schwarz-Weiß. Da sich aber in den dritten damals Volksmusiksendungen mit Reportagen über die Schönheiten der Heimat abwechselten, waren das noch nie meine Lieblingssender gewesen. Wohl oder übel lebe ich seitdem ohne Fernseher.

Nach einer Weile war das gar nicht mehr so schlimm. Es ist ein bisschen so wie bei einem Ex-Raucher, dem auf einmal der Tabakqualm auf die Nerven geht. Wenn man erst einmal entwöhnt ist, staunt man, mit welchem seichten Quatsch man bisher seine Abende vertrödelt hat. Am Anfang war es noch ganz nett, bei den Eltern oder Schwiegereltern am Wochenende fernzusehen. Mittlerweile reizt uns nicht einmal mehr das.

Aber anscheinend macht uns das zu ziemlichen Exoten. Vor einiger Zeit bekam ich beim Tanken eine Fernsehzeitung zugesteckt: „Hier, können Sie mitnehmen, ist umsonst." – „Nein, danke, ich habe keinen Fernseher", antwortete ich wahrheitsgemäß. Daraufhin brüllte die überraschte Verkäuferin durch den Raum: „Haben Sie das gehört? Er hat keinen Fernseher!" Solche Szenen kennt man sonst nur aus Filmen, aber jetzt weiß ich, wo die so etwas herhaben.

Meiner Frau ging es ähnlich. Sie hat einmal geschlagene zwei Stunden mit einem wildfremden Menschen am Telefon darüber geredet, wie man vier Kinder ohne Fernseher großziehen kann. Am Ende hat er ihr gratuliert und irgendwie etwas in Richtung von: „Hut ab, so etwas würde ich nicht schaffen!", gemurmelt, so als hätte sie von einer Himalaya-Expedition im Winter erzählt. Als ich sie fragte, wer das denn gewesen sei, antwortete sie: „Ich weiß nicht mehr. Irgend so ein Typ, der eine Umfrage machen wollte." Nach der Frage, welcher Sender ihr Lieblingssender sei, hatte er offensichtlich nur noch aus persönlichem Interesse weitergefragt.

Fernsehen und Nachhaltigkeit haben übrigens mehr miteinander zu tun, als man auf den ersten Blick meinen könnte. In einem Buch über die Entwicklung der Konsumgesellschaft in Amerika habe ich gelesen, dass das Fernsehen praktisch nur aus einem Grund entwickelt wurde, nämlich, um Werbebotschaften in die Häuser

> Fernsehen und Nachhaltigkeit haben mehr miteinander zu tun, als man auf den ersten Blick meinen könnte.

zu tragen. Davor gab es zwar schon Radio und Kino, aber beides erwies sich nicht als effektiv genug. Das Fernsehen dagegen war von Anfang an so vielversprechend, dass große Konzerne Unsummen in seinen Ausbau investierten. Und siehe da, herausgekommen ist ein Medium, das uns von morgens bis abends in unseren Wohnzimmern mit zielgerichteter Werbung bombardiert – und wofür wir auch noch Gebühren zahlen.

In Deutschland verlief die Entwicklung etwas anders, herausgekommen ist aber dasselbe Ergebnis. Die kurzen Werbezeiten zwischen sechs und acht Uhr abends, die in meiner Kindheit noch üblich waren, gehören ja auch bei uns längst der Vergangenheit an. Stattdessen werden Fernsehfilme und vor allem Serien längst dramaturgisch so gestaltet, dass sich gut regelmäßige Werbeblöcke darin unterbringen lassen. Und weil selbst die nicht ausreichen, finden wir praktisch überall zusätzlich noch „*product placement*", also das gezielte Arrangieren bestimmter Produkte in Filmen. Zur Not muss der Held eben kurz spülen, damit die Kamera das Waschmittel in Blick nehmen kann.

Bei Werbung behauptet zwar jeder, dass er die Tricks durchschaut und deshalb ziemlich immun dagegen ist. Die Tatsache, dass Konzerne pro Jahr Milliarden dafür ausgeben, zeigt jedoch, dass dem nicht so ist. Denn das sind ja alles Beträge, die wieder auf die Preise der Produkte aufgeschlagen werden müssen. Bei einem teuren Produkt wie einem Auto sind das schnell vierstellige Summen, wohlgemerkt pro verkauftem Auto. Und das soll nichts bringen, weil wir dagegen immun sind?

Wie wenig wir das sind, wird mir immer wieder an unseren Kindern deutlich, wenn sie von einem Wochenende bei den Großeltern zurückkommen. Dort ist der Fernseher zwar nicht so allgegenwärtig wie in manch anderen Haushalten (bei amerikanischen Freunden etwa lief in jedem Zimmer irgendwo CNN mit abgeschaltetem Ton, es war wie im Wartebereich eines Flughafens), aber er gehört wie selbstverständlich mit zur Einrichtung und wird so häufig benutzt wie der Kühlschrank. Das Ergebnis sind Kinder, die schon nach zwei Tagen modebewusster sind und wissen, wie wichtig es ist, das „Original"-Produkt des jeweils neuesten Trends zu besitzen. Nicht selten kommen sie mit dem Wunsch nach etwas nach Hause, von dem sie vorher bestenfalls eine vage Ahnung hatten, dass es überhaupt existiert.

Und wenn ich ehrlich bin, bin ich auch nicht so immun gegenüber Werbung, wie ich gerne wäre. Werbung spricht ja das Gefühl an, die Sehnsüchte, Wünsche und Träume, und dagegen kann man

> Wenn ich ehrlich bin, bin ich auch nicht so immun gegenüber Werbung, wie ich gern wäre.

mit Verstand und Vernunft nicht wirklich ankämpfen. Denn die Werbung zeigt mir mein Leben, wie es vielleicht sein könnte, zeigt mir, welche Möglichkeiten ich hätte, wenn ich sie nur nutzen würde. Dagegen kann man sich nur schwer wehren, vor allem in einer Konsumgesellschaft, in der man sein Leben sowieso jeden Tag neu erfinden kann und muss. Die Werbung offenbart mir, wie ich cool sein kann und wie gediegen, attraktiv und beliebt, sportlich und naturverbunden. Sie macht aus mir einen seriösen Geschäftsmann, einen jugendlichen Studenten, einen treusorgenden Familienvater, einen leidenschaftlichen Liebhaber, einen echten Kerl und einen charmanten Softy, eben genau das, was ich gern wäre, und vieles mehr. Sie zeigt mir eine schöne Welt voller gut aussehender Menschen, ohne Leid und Schmerz, in der alle Konflikte gelöst werden und die Leute endlich zu sich selbst finden und frei sind.

Am besten schaut man also gar nicht erst hin. Das erspart einem nicht nur den innerlichen Kampf gegen echte und vermeintliche Sehnsüchte, sondern auch die Enttäuschung. Denn die letzte Werbung hält nie, was sie verspricht. Aber vielleicht die nächste ...

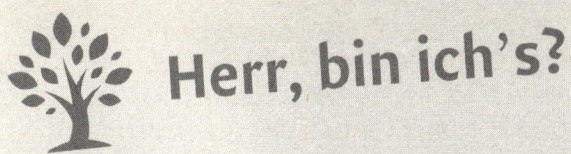

Herr, bin ich's?

Es war eine von diesen Nächten, in denen die Spannung geradezu mit Händen zu greifen war. Der Einzug nach Jerusalem lag nur ein paar Tage zurück, und nun waren sie in der Stadt, wo sich nicht nur ihr Schicksal, sondern das des ganzen Gottesvolkes erfüllen sollte. Große Verheißungen lagen auf dieser Zeit. Auf einem Esel war ihr Meister hineingeritten, genau so wie es der Prophet Sacharja lange vorher angekündigt hatte. Das Friedensreich stand unmittelbar bevor. Die Zukunft würde Gott gehören.

Dann hatte ihr Meister eine Peitsche genommen und den Tempel gereinigt – ein symbolischer Akt, ein prophetisches Zeichen. Es folgten düstere Worte über das Heiligtum, bei dem kein Stein auf dem anderen bleiben sollte. Erinnerungen an Jeremia wurden wach, der mehr als ein halbes Jahrtausend zuvor das Ende des Tempels vorhergesagt hatte. Der Gottesdienst Israels, das Zentrum des religiösen Lebens, war für eine kleine Weile unterbrochen worden, eine Vorankündigung des Gerichtes, das über ihn hereinbrechen würde. Denn im messianischen Reich sollte er ganz neu gestaltet werden, das hatte Hesekiel prophezeit.

Und nun war der Abend da, der große Augenblick, der Höhepunkt ihrer Tage in Jerusalem: Jesus würde mit ihnen das Passa feiern, das Mahl, das an die größte Heilstat ihrer bisherigen Geschichte erinnerte. Gott hatte sein Volk aus Ägypten geführt, den Pharao und sein Heer mit starker Hand geschlagen, die Welt verändert. Etwas Ähnliches lag nun vor ihnen, ein Ereignis, das ebenfalls die Welt erschüttern würde. Was das sein würde, war noch verborgen, aber sie würden dabei sein, so viel war sicher.

Aber nun, mitten im Mahl, mitten hinein in die gespannte Erwartung, sprach Jesus von seinem Tod. Alles schien auf der Kippe zu stehen, die große Sache infrage gestellt. Und es kam noch schlimmer. Es war nicht allgemein vom Hass der Oberschicht die Rede, von der Ablehnung durch die religiösen Autoritäten, von der Verfolgung durch die Römer, von Widerständen – sondern von Verrat. Einer von ihnen würde es sein, einer von denen, die jetzt am Tisch saßen. Einer von ihnen, die ihr Brot in dieselbe Schüssel wie Jesus tauchten, würde ihn noch in dieser Nacht ans Messer liefern.

Was dann passierte, schildert der Evangelist Markus mit recht dürren Worten: „Und sie wurden traurig und fragten ihn, einer nach dem andern: Bin ich's?" (Markus 14,19)

Man stelle sich die Szene einmal vor: Da sitzen sie

alle zusammen, die Jünger Jesu, die Keimzelle des anbrechenden Gottesreiches. Was hatten sie nicht alles schon miteinander durchgemacht, in welchen Situationen hatten sie nicht schon zu ihrem Herrn gestanden. Aber nun ist es plötzlich vorbei mit der Zuversicht.

Wenn ich diesen Abschnitt lese, muss ich jedes Mal wieder staunen. Ich staune über die Tiefe der Selbsterkenntnis, die diese Menschen plötzlich ergreift. Eben noch hatten sie auf dem Weg nach Jerusalem die Ehrenplätze im Reich Gottes verteilt (Markus 10,35-45), mehr noch, Jakobus und Johannes hatten sogar Jesu Frage nach ihrer Todesbereitschaft ohne viel Umschweife mit „Ja" beantwortet. Und nun sitzen sie alle hier, blicken betroffen und können für sich selbst nicht mehr garantieren. Einer von ihnen wird ihren Herrn verraten, einer von denen, die da mit ihm am Tisch sitzen und seine letzte Mahlzeit teilen.

Es ist auffällig, dass das Fingerzeigen unterbleibt. Offenbar gibt es keine üblichen Verdächtigen, keinen, von dem man immer schon vermutet hatte, dass es eines Tages böse mit ihm enden würde. Welch eine Tiefe der Beziehungen, was für eine Gemeinschaft zeigt sich allein in dieser kleinen Szene: Bei der Erwähnung eines Verräters muss jeder nur an sich selbst denken. Den anderen kann man offensichtlich vertrauen, aber wie ist das mit mir?

„Herr, bin ich's?" Das ist eine Frage, die mich nicht mehr loslässt in einer Zeit, in der das Gottesreich ähnlich nah und fern zu sein scheint wie damals in Jerusalem in der letzten Nacht, die Jesus mit seinen Jüngern verbracht hat. Ich frage mich, was sich seitdem verändert hat, und auch, wo die Erwartung geblieben ist, die Jesu erste Nachfolger ausgezeichnet hat. Mein Christsein unterscheidet sich von ihrem gewaltig, aber leider nicht sehr viel vom „normalen" Leben meiner nichtchristlichen Nachbarn und Freunde.

Ich stelle mir vor, wie ich da mit ihnen und Jesus an diesem Tisch sitze. Wäre ihr Meister zufrieden mit mir, mit meiner Gemeinde, unserer Kultur, mit dem, was wir „Glaube" nennen? War es das, was er wollte, was er vom Vater erbeten hatte, als er sich hingab für die Welt? War das das Opfer seines Lebens wert, das er mit diesem letzten Mahl einsetzte und woran die Gemeinde seitdem immer wieder erinnert?

Herr, bin ich's? Das ist eine Frage, die mir nicht mehr aus dem Kopf geht. An diesem Tisch sitzt einer, der die große Sache verraten hat, nicht nur verleugnet, sondern verraten und verkauft, hingegeben an die religiösen und politischen Autoritäten, verscherbelt für ein paar Silberlinge, ein bisschen Geld, ein angenehmes Leben. Hier an diesem Tisch sitzt einer, der die Spannung einfach nicht mehr ausgehalten hat, die Spannung zwischen dem, was schon ist, und dem, was noch sein soll und kommen wird, einer, der die Dinge beschleunigen wollte, Gott in die Ecke drängen, ihn herausfordern, endlich etwas zu tun. Hier an diesem Tisch sitzt einer, der die Gemeinschaft innerlich längst verlassen hat und seine eigenen Wege im Kopf hat, den es nicht mehr kümmert, was mit den anderen ist, weil er nur noch auf seinen Vorteil bedacht ist.

Ich sehe Jesus vor mir, wie er das Brot nimmt und zur Schüssel führt: „Der ist's, dem ich den Bissen eintauche und gebe." (Johannes 13,26) Sein Blick schweift über die, die dort um ihn versammelt sind. Die Hand zieht das Brot aus der Schüssel. Herr, bin ich's?

beobachten

Wer etwas ändern will, braucht Vorbilder. Natürlich nicht, um es einfach nur genauso zu machen. Nachahmung mag zwar die höchste Form der Bewunderung sein, allerdings stößt sie schnell an ihre Grenzen. Kopiert ist eben noch nicht kapiert. Bevor wir „richtig" losgelegt haben, haben wir uns also ein bisschen umgesehen, wie andere ihr „Anderssein" leben, vor welchen Herausforderungen sie stehen und wie sie damit umgehen.

Wir hatten dabei eine einmalige Chance, denn wir konnten als Familie eine sehr intensive Woche in einer Gemeinschaft verbringen, die praktisch zum Inbegriff für Andersartigkeit geworden ist: die Amischen in Sugar Creek, Ohio. Mit den Amischen Kontakt aufzunehmen, ist schon schwierig genug, bei ihnen eine Weile mitzuwohnen, praktisch unmöglich. Aber wir hatten schlichtweg Glück. Freunde von uns kannten einen Mann, der im Zuge

> Wer etwas ändern will, braucht Vorbilder.

 seines Landwirtschaftsstudiums ein paar Wochen bei den Amischen gelebt hatte. Wir haben ihn nie persönlich getroffen oder auch nur ein Wort mit ihm gewechselt, aber er ließ uns eine Adresse zukommen und warnte die Amischen schon einmal vor. Wir schrieben also einen Brief an die genannte Adresse, in dem wir unseren geistlichen Werdegang und die Gründe für unseren Besuch darlegten – wir wollten ihren Lebensstil kennenlernen und herausfinden, wie sie Gemeinschaft lebten – und warteten ungefähr ein halbes Jahr.

Dann klingelte plötzlich das Telefon, und am anderen Ende der Leitung war ein waschechter Amisch namens Myron. Ich hätte nie gedacht, dass sie uns auf diesem Weg kontaktieren würden, aber wie wir noch merken sollten, sind die Amischen für Überraschungen gut. Nach einem ausführlichen Gespräch, dem noch weitere folgten, und Beratungen in der amischen Gemeinschaft bekamen wir schließlich grünes Licht.

Wir wollten im darauffolgenden Sommer sowieso Freunde besuchen, die schon vor Jahren in die USA ausgewandert waren. Sie leben in North Carolina, also einige Meilen von Ohio entfernt. Wir überlegten, ob wir einen Inlandsflug buchen sollten, aber dann fuhren wir doch mit unserem Mietwagen ins Amish County, weil wir uns nicht sicher waren, ob die Amischen uns vom Flughafen abholen könnten. Und so kamen wir nach einer rund zehnstündigen Fahrt schließlich auf der Farm an, die für uns bis dahin nur ein paar GPS-Koordinaten und ein Luftbild auf Google Earth gewesen war.

Auf dem Weg dorthin hatten wir gemischte Gefühle. Unsere drei pferdebegeisterten Töchter träumten von so etwas wie Urlaub auf dem Ponyhof, schließlich war bekannt, dass die Amischen mit Kutschen unterwegs sind. Darüber hinaus waren sie begeistert von der Tracht; sie erinnerte sie ein bisschen an die Buchreihe „Unsere kleine Farm", die sie immer gern gelesen hatten. Meine Frau, die vor ewigen Zeiten einmal auf einem Schüleraustausch einen Nachmittag auf einer amischen Farm verbracht hatte, erinnerte sich an das einfache Leben auf dem Lande, völlig unabhängig von der Glitzerwelt der Konsumgesellschaft. Unser Sohn war eher schweigsam. Und mir war mulmig. Würde ich eine Woche im neunzehnten Jahrhundert aushalten, eine Woche ohne Strom und Kühlschrank, vielleicht sogar ohne fließendes Wasser?

> Würde ich eine Woche im 19. Jh. aushalten, ohne Strom und Kühlschrank, vielleicht sogar ohne fließendes Wasser?

Im Amish County angekommen erwarteten uns einige Überraschungen. Von der Verschlossenheit gegenüber Fremden (wir kannten schließlich „Der einzige Zeuge"), die den Amischen nachgesagt wird, war nichts zu spüren, im Gegenteil, wir sind selbst bei Bekannten bisher kaum so herzlich aufgenommen worden wie auf dieser Farm mit Leuten, die wir bis dahin weder gesehen noch gesprochen hatten. Und das bedeutet in einer so engen Gemeinschaft wie den Amischen, dass einen dann praktisch alle kennen. Wir wurden jedenfalls aus beinahe jeder Kutsche heraus gegrüßt, wenn wir mit unserem Van im Amish County unterwegs waren.

Die Familie, bei der wir untergekommen waren, bestand aus den Großeltern und einem geistig zurückgebliebenen Großonkel, der von ihnen gepflegt wurde, einer Tochter mit Mann und Kindern, die in einem weiteren Haus auf dem Gelände lebten, und einem unverheirateten Sohn, der weiterhin in seinem Jugendzimmer wohnen musste, weil er noch Single war. Ausziehen kann man bei den Amischen nämlich nur, wenn man heiratet. Und wegen uns musste er für eine Woche sogar dieses Zimmer räumen und im Nähstübchen schlafen.

Für unsere Kinder war die Woche ein Ausflug ins Paradies. Sie wurden von den amischen Kin‑

dern sofort in ihre Gemeinschaft aufgenommen und tollten den ganzen Tag in Ställen und auf Heuböden herum. Die Amischen lebten nämlich nach dem für Kinder recht hilfreichen Prinzip, dass die Spröss‑

linge völlige Freiheit genießen, solange sie den Eltern nicht auf die Nerven gehen. Ob sie dabei schmutzig werden oder sich ein paar Schürfwunden holen, spielt keine Rolle. Wir haben nie einen Vater oder eine Mutter deswegen schimpfen hören.

> Für unsere Kinder war die Woche bei den Amischen ein Ausflug ins Paradies.

Waren sie bei den Erwachsenen, mussten die Kinder sich benehmen – aber niemand erwartete, dass sie bei den Erwachsenen sind, weswegen sie es in der Regel auch nicht waren.

Das Farmhaus selbst wirkte überhaupt nicht wie aus einem vergangenen Jahrhundert, es hatte sogar die übliche amerikanische Kücheneinrichtung, nur die Spülmaschine fehlte. Der Kühlschrank wurde wie der Herd mit Gas betrieben, ebenso die Beleuchtung, was abends einen etwas komischen Geruch verbreitete und die Räume ausgesprochen warm werden ließ. Fließend warmes und kaltes Wasser gab es ebenso wie eine Dusche. Im Badezimmer waren sogar LEDs installiert, sodass man nachts nicht mit einem Feuerzeug nach dem Gaslicht suchen musste. Betrieben wurden sie durch Akkus, die von einem Benzingenerator aufgeladen wurden, mit dem auch der Strom für die Stallungen produziert wurde. Was für mich eine Erleichterung war, war für meine Frau etwas ernüchternd. Die Amischen hatten offensichtlich nichts gegen Strom. Wie sie uns später erklärten,

beobachten

> Die Amischen hatten gar nichts gegen Strom. Sie wollten nur keine Verbindung mit der Welt haben.

wollten sie nur keine Verbindung mit der Welt haben. Eine Stromleitung zum Elektrizitätswerk war daher tabu, ein Generator mit Benzin von der Tankstelle dagegen in Ordnung.

In den Stallungen kam die eigentliche Ernüchterung. „Unsere" Amischen waren Geflügelzüchter, die in einem sehr warmen, dunklen Riesenstall fünfundzwanzigtausend Küken großzogen, um sie nach ein paar Wochen an die Fastfoodkette Kentucky Fried Chicken zu verkaufen. Von der von uns erträumten Nachhaltigkeit war dort ebenso wenig zu spüren wie später beim Abendessen, das aus gekauften Supermarktprodukten bestand, deren Plastikverpackungen nach dem Essen im Garten verbrannt wurden. Wo wir hinschauten, sahen wir zudem modernste Technik. Eine Milchfarm hat selbstverständlich eine Melkmaschine und einen Traktor, es gab Telefone und Computer – Letztere allerdings nicht im Haus, sondern nur in Büros – Faxgeräte und bei einer anderen Community sogar Handys. Was es jedoch nicht gab, waren Autos, Fernseher und alles, mit dem man Musik machen oder abspielen könnte, sieht man einmal von quietschendem und fiepsendem Plastikkinderspielzeug ab.

Vieles von dem, wie die Amischen lebten, erschien uns deshalb auf den ersten und zweiten

Blick als völlig unverständlich. Sie besaßen Traktoren, benutzten sie aber nicht auf dem Feld. Stattdessen nahmen sie ein Pferdegespann, hängten einen Generator daran und an den wiederum eine moderne Landmaschine, die ansonsten von der Kardanwelle des Traktors angetrieben wird. Warum nahmen sie dann nicht gleich den Traktor, wo er doch sowieso auf dem Hof stand? Und warum fuhren sie dauernd Taxi, anstatt selbst einen Führerschein zu machen? Die weiten Strecken bis zum Krankenhaus oder auch nur einem größeren Supermarkt ließen sich nämlich mit der Pferdekutsche kaum in annehmbarer Zeit bewältigen, vor allem, wenn man dabei aus Sicherheitsgründen immer auf Nebenstrecken ausweichen muss und Highways und Hauptstraßen nicht benutzen kann oder möchte. Die mennonitischen Nachbarn, die in vielerlei Hinsicht ähnlich denken wie die Amischen, aber Auto fahren, verdienten sich so eine goldene Nase. Weil manche Amischen sogar zur Arbeit und zurück aufs Taxi angewiesen waren (so etwas wie öffentlichen Nahverkehr gibt es dort nicht), besaß praktisch jeder Mennonit über achtzehn einen zwölfsitzigen Bus. Neben den Kutschen sind das im Amish County die häufigsten Fahrzeuge.

Nach einigen Gesprächen mit Ältesten und einfachen Amischen, die alle sehr offen und freundschaftlich waren, wurde

beobachten

uns klar, dass wir einer falschen Vorstellung aufgesessen waren. Weil die Amischen Tracht tragen und Kutsche fahren, verorteten wir sie innerlich im neunzehnten Jahrhundert und erwarteten – auch das ist ja in gewisser Weise typisch für unsere Zeit – dass sie irgendwie mehr im „Einklang mit der Natur" lebten. Aus ihrer eigenen Perspektive war das ziemlicher Unsinn, für Umweltschutz interessierten sie sich nicht mehr als nahezu jeder andere amerikanische Christ auch. Und das ist nicht viel. Im Zentrum ihrer Theologie stand vielmehr die Gemeinschaft. Sie wollten nicht nur miteinander in Gemeinschaft leben, sondern auch mit der Außenwelt, den „Englischen", nur so wenig wie möglich Gemeinschaft haben. Alles, was diesen Zielen diente, war gut, alles, was ihnen entgegenlief, schlecht. So einfach ist das.

Unser ausgewanderter amerikanischer Freund, der Biochemiker ist, war ziemlich begeistert von unserem Vorhaben, die Amischen zu besuchen. „Amische sind die perfekte Gruppe, so etwas wie ein kleines Laboratorium für alles Mögliche. Deshalb gibt es gerade im biochemischen Bereich unglaublich viele Feldstudien mit den Amischen", teilte er uns mit. Und ich muss sagen, das gilt nicht nur für den biochemischen Bereich. Auch wir haben sehr viel für unser Vorhaben von ihnen gelernt.

Da ist zuerst sicher die Erkenntnis, dass es manchmal ganz schön kompliziert ist, einfach zu leben. Die Amischen sehen sich selbst als die *plain people*, die „schlichten Leute". Sie lehnen Schmuck genauso ab wie Knöpfe, schicke Kleidung und manche technische Errungenschaften wie Spül- und Waschmaschinen. In einer Welt, die Einfachheit gelinde gesagt für wenig erstrebenswert hält, wird das Leben dadurch kompliziert. Handelsübliche Kühlschränke müssen auf Gasbetrieb umgerüstet werden, die entsprechende Kleidung gibt es nur in speziellen Läden, und um eine amische Waschmaschine zu kaufen (sie sehen ungefähr so aus wie unsere in den 1920er-Jahren), muss man unter Umständen sehr weite Strecken zurücklegen – und dafür einen Hardware Store betreten, den wir am liebsten auf Anhieb leer gekauft hätten, so sehr roch er nach der „guten alten Zeit".

Wenn die eigenen Ideale mit denen der Umgebungskultur nicht im Einklang stehen, wird es manchmal sogar so kompliziert, dass die „Lösungen" für Außenstehende kaum noch durchschaubar sind. So haben die Amischen das Ideal, dass Eltern und Kinder gemeinsam arbeiten, weswegen der familieneigene Bauernhof optimal ist. Dank ihrer hohen Geburtenrate (die Amischen gehören zu den am schnellsten wachsenden Bevölkerungsgruppen der Welt) ist das freilich immer weniger Amischen möglich, weil sich das Ackerland logischerwei-

> Die Amischen gehören zu den am schnellsten wachsenden Bevölkerungsgruppen der Welt.

se nicht genauso vermehren lässt. Die anderen Amischen müssen sich deshalb normale Berufe in der Stadt suchen. Damit aber sind die bekannten *frolics*, bei denen alle Amischen gemeinsam an einem Tag eine Scheune errichten, kaum noch möglich, weil praktisch nicht mehr zu koordinieren. Häuser werden also mit Bauunternehmen gebaut, die jedoch bezahlt werden müssen – ebenso wie die Arztrechnungen und alles, was ein Hof nicht selbst produziert. Um das dafür nötige Geld zu verdienen, muss sich auch ein amischer Hof dem harten Konkurrenzkampf stellen, also spezialisieren, was wiederum nur mit entsprechenden Landmaschinen und Düngemitteleinsatz geht. Wer jedoch eine Kuh auf den Markt fahren will, braucht mindestens einen Traktor. Und damit sieht eine amische Farm kaum anders aus als ein gewöhnlicher Bauernhof, nur dass hier die Besitzer Tracht tragen und mit Pferdekutschen unterwegs sind.

Die vielleicht wichtigste Lektion ist jedoch die, dass man in einer sich verändernden Welt nicht einfach stehen bleiben kann. Es gibt eine Gruppe Amische, die genau das getan hat, die „Schwartzentruber". Sie sind bettelarm und sterben früh, weil sie wirklich noch so leben wie im neunzehnten Jahrhundert. Die anderen Amischen haben sich dagegen nur entschieden, in Gemeinschaft zu leben, und verzichten deshalb auf Autos, weil die ihrer Ansicht nach das Auseinanderziehen begünstigen. Dem Rest der Welt ist das egal, er baut fröhlich weiter an einer Gesellschaft, die sich in zunehmendem Maße nur noch mit dem Auto bewältigen lässt. Den Amischen bleibt damit nur noch das mennonitische Taxi. Und aus einem Fortbewegungsmittel von einst wird gegen ihren Willen ein Stück Folklore für Touristen, brauchbar für den Sonntagsausflug, aber im Alltag längst an vielen Stellen vom Auto ersetzt. Das ist sogar so unverzichtbar geworden, dass in manchen amischen Gemeinschaften ernsthaft darüber nachgedacht wird, ob man nicht einigen Mitgliedern den Führerschein erlauben sollte, damit diese die Fahrdienste übernehmen können.

Seit wir wieder zu Hause sind, muss ich oft an die Amischen denken. Es ist eine Mischung aus Bewunderung und Trauer, die mich dabei überfällt. Ich bewundere sie, weil sie es schaffen, das zu leben, was ihnen wichtig ist, obwohl es ihnen ihre Umwelt alles andere als leicht macht. Aber gleichzeitig schleicht sich auch immer wieder das Gefühl ein, dass ihnen das Anderssein zunehmend schwerer fällt. Es gibt so viele Kräfte, die an der Gemeinschaft zerren. Mit den unterschiedlichen Berufen

> Ich bewundere die Amischen, weil sie es schaffen, das zu leben, was ihnen wichtig ist.

beobachten

> Man kann anders sein, wenn man nicht nur weiß, was einem wichtig ist, sondern auch bereit ist, den Preis dafür zu bezahlen.

sind unterschiedliche Einkommen verbunden; Telefone, Computer und Terminkalender bestimmen auch bei ihnen den Alltag mehr, als ihnen lieb ist. Und durch die ständige Beschneidung der kutschentauglichen Wege werden die Entfernungen zwischen den amischen Familien auch immer größer, obwohl sie am selben Ort wohnen bleiben. Trotzdem war die Zeit bei ihnen auch sehr ermutigend. Denn wir haben etwas sehr Grundlegendes gelernt: Man kann anders sein, wenn man nicht nur weiß, was einem wichtig ist, sondern auch bereit ist, den Preis dafür zu bezahlen. Und noch besser geht das in Gemeinschaft ...

fahren

"Auto heißt ‚selbst'", hat mein Seelsorgelehrer einmal gesagt. Der musste es wissen, schließlich fuhr er einen eigens aus Amerika importierten Minivan mit schwarz getönten Scheiben und einem etwas aggressiven Blick. Und tatsächlich ist der Hinweis auf die griechische Wortbedeutung weit mehr als nur eine Übersetzungshilfe. Aus dem Automobil, dem „selbst bewegten", ist mittlerweile längst ein Ausdruck des Selbstwertgefühls und der Selbstbestimmung geworden.

Vermutlich kann das niemand so gut verstehen wie die Menschen, die wie ich ihre Kindheit und Jugend auf dem Land verbracht haben. Für kleine Kinder ist ein Dorf ja so etwas wie das Paradies. Wir wohnten in einer Sackgasse, die erst nach einigen Jahren zur Durchgangsstraße wurde und bis zur Ansiedlung eines

> Aus dem Automobil, dem „selbst bewegten", ist mittlerweile längst ein Ausdruck des Selbstwertgefühls und der Selbstbestimmung geworden.

Allgemeinmediziners auch einigermaßen gefahrlos als Spielplatz benutzt werden konnte. Mit der Eröffnung der Arztpraxis war meine Gesundheit leider akut gefährdet, was weniger mit dem Arzt als vielmehr mit seinen Patienten zu tun hatte, die nicht nur – es handelte sich vermutlich ständig um Notfälle – mit recht hoher Geschwindigkeit durch unsere Straße brausten, sondern auch die Gehwege zuparkten. Insofern konnte man sowieso kaum noch draußen spielen. Ich habe also lieber drinnen ferngesehen.

Trotzdem war das Dorf für ein Kind ziemlich ideal. Zur Grundschule konnte ich wenigstens im letzten Jahr mit dem Fahrrad fahren, und alle Geschäfte, die mich interessierten, also der Bäcker und der Gemischtwarenladen, in dem auch Spielzeug verkauft wurde, lagen in Laufnähe. Meine Mutter ging sogar jeden zweiten Tag mit einer großen Tasche einkaufen, in der sie alles nach Hause schleppte. Das Auto brauchten wir eigentlich nur, damit mein Vater morgens zur Arbeit kam und nachmittags wieder nach Hause.

> Das Auto brauchten meine Eltern eigentlich nur, damit mein Vater morgens zur Arbeit kam und nachmittags wieder nach Hause.

Für mich änderte sich das jäh, als ich nach dem vierten Schuljahr die Schule wechseln musste. Ab da war mein Lebensmittelpunkt wie bereits erwähnt eine zwölf Kilometer entfernte Kleinstadt. Auf die dortige Schule ging ich eigentlich nur, weil mein Vater

dort Lehrer war und meine El-
tern das für praktisch hielten.
Alle meine Grundschulfreunde
gingen auf andere Schulen, die
in entgegengesetzter Richtung
lagen. Entsprechend schwierig gestalteten sich die
Beziehungen. Mit meinen alten Freunden hatte ich
eigentlich nichts mehr zu tun. Wir sahen uns erst
in der Konfirmandenstunde wieder. Meine neuen Freunde wohnten mindestens zehn Kilometer
entfernt in der neuen Stadt und den umliegenden
Dörfern. So etwas wie öffentlichen Nahverkehr
gab es zwar, aber der Bus fuhr jeweils in die falsche Richtung. Morgens wäre ich gut von meinem Schulort zu mir nach Hause gekommen und
abends von mir zu Hause in die Schule. Das wollte
ich aber nicht. Darüber hinaus fand ich es schon damals erstaunlich, wie viele Male so ein Bahnbus von
der Hauptstraße hinunterfuhr, um in irgendwelchen größeren und kleineren Käffern zu halten und
so die Busfahrt zu einem Tagesausflug zu machen.

Was während der Nachmittage noch einigermaßen lief – ich ging eben nach der Schule zu meinen
Freunden und schlich am frühen Abend mit einem
der wenigen Busse oder Züge nach Hause zurück –
wurde praktisch unmöglich, als die Zeit begann, in
der man Feten auf den Abend und die Nacht verlegte. Aus dem Kindergeburtstag war die Party geworden und aus meinen Transportschwierigkeiten eine
aus eigener Kraft nicht mehr zu bewältigende Hür-

de. Ab sofort war ich auf Gedeih und Verderb auf die Fahrdienste meiner Eltern angewiesen.

Wie gut das funktionierte, daran scheiden sich die Geister. Wenn man meine Eltern fragt, war es insgesamt etwas lästig, aber sie haben es im Großen und Ganzen gut gemeistert. Ich würde dagegen sagen, es ging so. Hin und zurück rund fünfundzwanzig Kilometer sind keine Strecke, die man mal so eben nebenbei fährt, auch wenn damals der Liter Sprit noch weniger als eine Mark kostete. Immerhin braucht man dazu rund eine Dreiviertelstunde, wenn man also hinfährt und abholt, werden daraus fünfzig Kilometer und anderthalb Stunden. Abends kommt noch erschwerend hinzu, dass mindestens einer meiner Eltern lange genug aufbleiben musste, um mich später abzuholen, und Bier trinken war in dieser Zeit auch nicht drin. Das damals nur auf drei öffentlich-rechtliche Kanäle beschränkte Fernsehprogramm ließ sich aber ohne kaum ertragen. Da ich jedoch in einer völlig anderen Richtung schulisch beheimatet war als meine Altersgenossen aus dem Dorf, gab es praktisch keinerlei Mitfahrgelegenheiten. Ein Mädchen aus einem Nachbarort, das in meine Klasse ging, hatte blöderweise nach der Zehn die Schule gewechselt. Entweder fuhren also meine Eltern, oder ich blieb zu Hause.

Es ist sicher ganz anders gewesen, jedenfalls wenn man meine Eltern fragt, aber ich erinnere mich noch gut an Dialoge wie den folgenden:

Ich:	Am Freitag ist Fete beim Ecki. Da würde ich gern hin.
Meine Mutter:	Beim Ecki? Der wohnt doch in XY, das ist ja noch hinter YZ. Musst du da wirklich hin? Du warst doch schon letzte Woche auf einem Geburtstag.
Ich:	Ja, aber ich würde halt auch gern auf die Fete vom Ecki gehen. Da ist es immer so cool. (*Eckis Bruder hatte nämlich eine Scheune zu einem eigenen Partyraum umgebaut mit einer gigantischen Stereoanlage – und das in einer Zeit, in der Lautsprecher noch groß sein mussten. Tja, der war eben schon mit Mittlerer Reife von der Schule abgegangen und verdiente richtig Geld.*)
Meine Mutter:	Ich weiß nicht. Freitags ist doch immer Papas Skatabend, dann müsste ich dich abholen. Und ich fahre nicht so gern im Dunkeln.
Ich:	Mama, biiiitte. Dafür schenke ich mir auch übernächste Woche den Geburtstag beim Mecki.
Meine Mutter:	Da wolltest du auch hin? Ich dachte, du wärst gar nicht so gut mit dem Mecki befreundet.

fahren

Ich: Bin ich schon, aber wegen mir gehe ich da nicht hin. Hauptsache, ich kann am Freitag zum Ecki.

Meine Mutter: Na gut. Ich hole dich dann um halb zwölf ab.

Ich: Um halb zwölf? Da geht die Party überhaupt erst los! Die meisten kommen doch nicht vor halb elf. Also, bis zwölf will ich mindestens bleiben.

Meine Mutter: Du kannst ja am nächsten Tag ausschlafen, ich nicht. Geh doch einfach ein bisschen früher hin, dann bist du auch ein paar Stunden da.

Ich: Mama, biiiiiitte.

Meine Mutter: Also gut, sagen wir Viertel vor zwölf. Aber dafür kommst du bis vorne an die Hauptstraße, damit ich nicht erst lange warten und suchen muss. Weißt du denn schon, wie du hinkommst?

Und so weiter, und so weiter. Es ist sicher nur so ein wirrer Gedanke, aber ich war lange Zeit fest davon überzeugt, dass ich nur deshalb als Jugendlicher keine Freundin hatte, weil ich über kein adäquates Transportmittel verfügte. So denken jedenfalls Männer, weswegen sie bei Liebeskummer ihre Autos aufrüsten – natürlich nur, wenn sie welche haben.

Bis heute halte ich den Führerschein für den wichtigsten Schein, den ich je in meinem Leben gemacht habe. Mit ihm wurde so etwas wie das Tor zur Welt aufgestoßen. Ich konnte meine sozialen Kontakte so viel einfacher gestalten, als ich meine Eltern nur noch ums Auto bitten und hochheilig versprechen musste, nichts zu trinken. Nach einer Weile sind sie sogar ins Bett gegangen, ohne auf mich zu warten.

> Bis heute halte ich den Führerschein für den wichtigsten Schein, den ich je in meinem Leben gemacht habe.

All diese Gedanken und vor allem Gefühle kamen mir wieder in den Sinn, als ich eines Tages beschloss, aufs Autofahren so weit es geht zu verzichten. Ehrlich gesagt wäre ich lieber Vegetarier geworden oder hätte nie wieder Schokolade gegessen. Für die Umwelt hätte das aber sicher nicht so viel gebracht.

Im Grunde ging es dabei nicht um weite Wege, aber es läppert sich, wie man bei mir zu Hause so schön sagt. Jeden Tag drei Kilometer zur Arbeit, drei zurück, das sind bei den berühmten zweihundertundzwanzig Arbeitstagen, mit denen das Finanzamt rechnet, immerhin dreizehnhundertundzwanzig Kilometer im Jahr. Rechnet man da noch diverse Fahrten in die Stadt dazu, kommen schnell fünfzehnhundert Kilometer zusammen. Und dabei bleibt es nicht: Wenn Papa nicht mehr fährt, dann laufen auch die Kinder zur Schule. Bei zwei Kindern, die ebenfalls jeden Morgen drei Kilometer hin- und mittags dieselbe Strecke zurücklaufen müssen, kommen noch einmal dreitausend Kilometer pro Jahr dazu.

Ja, ich weiß, so darf man nicht rechnen. In Wirklichkeit ist es ja auch viel weniger. Aber ich staune trotzdem, dass man es auf dem Kilometerzähler meines Autos deutlich sieht. Wir haben in den letzten sieben Jahren im Schnitt fünfzehntausend Kilometer pro Jahr gefahren. Seit wir laufen, sind es nur noch zwölf – was aber auch daran liegt, dass wir uns nähere Urlaubsziele ausgesucht haben.

Auch wenn das den Wiederverkaufswert des Autos kaum erhöhen dürfte, meinen Selbstwert hat es nicht unberührt gelassen. Als altes Landei habe ich mich immer unwohl gefühlt, wenn ich irgendwo ohne Auto gewesen bin. Jetzt gehe ich sogar ohne an die Arbeit. Bei Wind und Wetter, Sonne und Regen, Frost und Hitze. Und es macht etwas mit einem, wenn andere in ihren tiefergelegten Audis vorbeibrausen. Wenn ich nach der Arbeit aus dem Fenster schaue und sich dunkle Wolken am Himmel zusammenbrauen, beneide ich oft Kollegen, die nun einfach in ihre Autos steigen, während ich laufen muss.

Neid ist keine christliche Tugend, aber auch das bringt mich nicht dazu, das Auto zu nehmen.

Stattdessen arbeite ich an mir. Es kann doch wohl nicht sein, sage ich mir, dass dein Selbstwertgefühl so vom Auto bestimmt wird. Und dass du das nur dadurch ausgleichen kannst, indem du auf die anderen herabschaust. Denn es stimmt, das tue ich manchmal auch. Ich laufe hier durch Wind und Wetter, und die nehmen für jede kleine Strecke das Auto! Auch das Herabschauen ist keine christliche Tugend. Trotzdem laufe ich immer noch.

Denn das Auto stehen zu lassen, hat in einer Hinsicht etwas gebracht, was vieles andere aufwiegt. Wenn ich nun doch einmal Auto fahre – was zwei-, dreimal pro Woche immer noch vorkommt, weil leider nicht alles in Laufnähe ist – dann tue ich das mit dem guten Gefühl, mir etwas zu gönnen. Ich fahre bewusster Auto, entspannter, genieße es, dabei Musik zu hören und einfach nur zu sitzen, selbst Staus finde ich nicht mehr so schlimm, denn sie verlängern doch eigentlich nur eine schöne Sache. Besonders wenn man in seinem Traumauto sitzt. Das war bei mir nie ein besonderes Modell, sondern einfach nur eines, bei dem man das Dach wegmachen kann. Seit gut einem Jahr haben wir nun

> Wenn ich doch einmal Auto fahre, dann tue ich das mit dem guten Gefühl, mir etwas zu gönnen.

so eines: ein Smart Cabrio, natürlich gebraucht.
Schöner kann Autofahren nicht mehr werden.

gehen

Wenn man irgendwo unterwegs ist und die geteerte Fahrbahn einfach im Nichts endet, wenn Wege ohne Vorwarnung durch Hindernisse blockiert werden, die man nur unter Lebensgefahr umgehen kann, wenn der Asphalt mit einem halben Meter Schnee bedeckt ist, sodass einem nur noch die Wahl bleibt, entweder knietief nasse Füße zu bekommen oder von oben bis unten mit schmutzigem Eiswasser geduscht zu werden – wenn einem so etwas passiert, dann ist man mit Sicherheit nicht im Auto, sondern zu Fuß unterwegs. Fußgänger sind nämlich eine ganz besondere Spezies. Ihren ohnehin schon knappen Lebensraum – sieht man einmal von engen Reservaten namens „Fußgängerzonen" ab, in denen sich diese bedauerlichen Kreaturen massenhaft die Füße platttreten – teilen sie mit Radfahrern, Mülltonnen, abgestellten Fahrzeugen und allem anderen, was Autos den Weg erschweren könnte.

So kommt es nicht selten vor, dass die im Winter in der Regel sowieso nur sehr mäßig geräumten Gehwege (wozu hat man schließlich eine Haftpflichtversicherung?) vom Schneepflug wieder richtig schön zugeschneit werden, während die Straße so gestreut ist, dass man sich die Anschaffung von Winterreifen eigentlich sparen könnte. Bei Regen sieht es nicht viel besser aus, hier lauern in manchem Rinnstein Pfützen ungeahnter Tiefe, die auf jeden herabregnen, der so dumm ist, den Bürgersteig zu benutzen, wenn sich ein Auto nähert.

> Deutschland ist das Land, in dem pro Kopf die meiste Outdoorbekleidung verkauft wird.

Das macht eigentlich nichts, sollte man denken, denn schließlich ist Deutschland das Land, in dem pro Kopf die meiste Outdoorbekleidung verkauft wird. Wenn man durch die „Polarfleece"- und „Arctic-Explorer"-Abteilungen der großen Kaufhäuser schlendert, könnte man nicht nur den Eindruck haben, dass sich der Klimawandel eigentlich in die andere Richtung vollzieht, sondern auch, dass wir ein Volk von hartgesottenen Naturfreaks sind, die jede zweite Nacht im Freien verbringen.

Das sind wir aber nicht. In der Regel brauchen wir die wasserdichte 3-in-1-ThermoProtection-GoreTex-Jacke nur zwischen Haustür und Garagentor. Dann sitzen wir im kuschelig klimatisierten Auto, in dem sich die Innentemperatur auf halbe Grade genau einstellen lässt, und damit wesentlich genauer als am Heizkörper im Wohnzimmer. „Draußen zu Hause", das heißt eben doch in erster Linie, dass wir es uns im Auto bequem machen.

> „Draußen zu Hause", das heißt eben doch in erster Linie, dass wir es uns im Auto bequem machen.

Was das mit einer Gesellschaft macht, ist mir erst aufgefallen, als ich das Auto stehen gelassen und zu laufen begonnen habe. Und damit meine ich nicht nur Hirnlosigkeiten wie einen Bürgersteig an einer mehrspurigen Straße, der in einer Baugrube mit dem Hinweis endet: „Fußgänger andere Straßenseite benutzen". Mir fällt vor allem auf, dass unsere Autos immer mehr zu Panzern werden. Der „böse Blick" ist so weit verbreitet, dass schon biedere Familienkutschen Scheinwerfer haben, als wollten sie irgendwelchen Raubtieren Konkurrenz machen. Dank Tagfahrlicht – auch das eine wunderbare Erfindung in Bezug auf die Sicherheit von Fußgängern und Radfahrern – lässt sich da sogar noch viel mehr machen. Wie es in den Autos aussieht, geht auch niemanden mehr etwas an. Man tönt die Scheiben schwarz, als führen unsere Blechkarossen unter der Sonne Spaniens und nicht etwa dem bedeckten Himmel Mitteleuropas spazieren.

Bestimmte Dinge wundern mich jedenfalls nicht mehr. Vor ein paar Jahren hatten wir für einen Kindergeburtstag die glorreiche Idee, mit den Gästen einen kleinen Ausflug ins Feld zu machen und Blumen zu sammeln, die man dann in Kerzenwachs konservieren konnte (erraten: Es war der Geburtstag eines unserer Mädchen). Allein schon die Blicke der besorgten Mütter ließen Schlimmes ahnen. „Was, rausgehen? Bei dem Wetter?" Immerhin war es September, und es regnete nicht einmal. Dann die unvermeidlichen Matschhosen. Unsere Kinder haben sie so sehr gehasst, dass sie sie bewusst „vergessen" haben, als es in den Kindergarten ging – weil sie wussten: Wenn sie dort am Haken hängen, muss ich sie auch anziehen. Und natürlich die Mütze. Und das Halstuch. Und die dicken Schuhe. Und die bange Frage: „Müssen sie weit laufen? Ich weiß nicht, wie lange das die süße Mathilde und der kleine Hugo durchhalten."

Im Feld angekommen, fühlten sich die Kinder wie im Dschungel. „Guck mal, da ist eine Raupe!", rief eine. Alle rannten hin. „Nicht anfassen! Die ist bestimmt giftig!", eine andere. Überhaupt die ewige Frage nach dem Gift. „Darf ich diese Blume anfassen?" – „Ist der Strauch da giftig?" – „Muss ich mir die Hände waschen, ich habe das Gras berührt?" Man konnte meinen, sie wären mutterseelenallein auf der Insel von *Jurassic Park* ausgesetzt worden.

> Unser Blick auf die Welt wird durch Autoscheiben getrübt.

Unser Blick auf die Welt wird durch Autoscheiben getrübt. Die meisten Kinder sterben dort drinnen, weil sie nicht richtig gesichert sind oder die Eltern zu schnell fahren. Von Raupenvergiftung oder Tod durch den scheinbar allgegenwärtigen Fuchsbandwurm, wegen dem man noch nicht einmal Pflaumen vom Baum ungewaschen essen darf, habe ich bisher dagegen nur wenig gehört.

Überhaupt die Gefahren. Viele unserer neuen Autos verschließen sich automatisch, sobald man anfährt. Wenn man auf manche ihrer Besitzer hört, weiß man auch warum: Weil die Welt da draußen voller Räuber und Mörder ist. In meiner Heimatstadt zum Beispiel tummeln sie sich nach Einbruch der Dunkelheit in öffentlichen Parks, in Fußgängerzonen und treiben sich praktisch den ganzen lieben, langen Tag auf dem Friedhof herum. Allein schon aus Sicherheitsgründen müssen Kinder deshalb immer gefahren werden, von Erwachsenen ganz zu schweigen.

Nun ist es zufällig so, dass ich jeden Tag zweimal über den Friedhof laufen muss, im Winter oft auch nach Einbruch der Dunkelheit. Dann allerdings sollte man eine Taschenlampe dabeihaben, denn ich wohne in einer Gegend, in der es nicht so viele Katholiken gibt, dass der Weg allein durch Grablichter ausgeleuchtet würde. Nachdem ich auf meinem morgendlichen Weg zur Arbeit zunächst der Straße gefolgt bin, habe ich schnell gemerkt, dass das eher nicht so schlau ist. Nicht nur wegen der Gesundheitsgefährdung durch Autoabgase (manche moderne Diesel blasen etwas durch den Auspuff, dass einem geradezu der Atem stockt), sondern auch, weil es sich dabei um einen gehörigen Umweg handelt. Der direkte Weg führt nun einmal geradewegs über den Hauptfriedhof und dann durch zwei kleine Gassen.

Glaubt man Auto fahrenden Zeitgenossen, riskiere ich also jeden Tag zweimal Besitz und Leben. Tatsächlich aber begegne ich auf dem Friedhof nur zwei Sorten von Menschen: Leuten, die verbotenerweise dort ihren Hund ausführen – obwohl das, wie ich aus Beobachtung weiß, sich auch auf einem Feldweg vom Auto aus erledigen lässt – und den Friedhofsgärtnern. Gerade Letztere gehören zu den freundlichsten Menschen, die ich kenne, vielleicht auch deshalb, weil sie in der Regel zu Fuß unterwegs sind. Denn wenn man sich ins Auge sieht, dann grüßt man auch oder wenigstens zurück. Beim Auto ist das schon wesentlich schwieriger.

Von Bedrohung ist dort also keine Spur, übrigens auch nicht in den diversen anderen Parks und Gassen meiner Stadt. Wenn sie sich zum Hundeausführen nicht eignen und auch gerade keinen gartenpflegerischen Bedarf haben, trifft man dort nämlich niemanden. Anscheinend sitzen alle im Auto, um die Gefahrenstellen weiträumig zu umfahren. Meine eigenen zugegebenermaßen zufälligen Erfahrungen lassen sich übrigens durch jede x-beliebige Statistik erhärten. Sicher gibt es Überfälle in Parks, vielleicht sogar Vergewaltigungen und Morde. Aber ihre Zahl ist doch vergleichsweise gering gegenüber den Zahlen der Unfallstatistiken. Und wenn ich mir in der Zeitung den „Polizeibericht" betrachte, dann scheinen die meisten Diebe am liebsten Wohnungen oder eben Autos aufzubrechen. Warum sollte sich auch jemand im Park auf die Lauer legen? Schließlich läuft dort ja kaum einer durch.

Was eigentlich schade ist, denn die meisten Parks, die ich kenne, sind recht schön angelegt und kleine ruhige Inseln im ständig brummenden Straßenverkehr. Aber an unseren Friedhof kommen sie trotzdem nicht heran. Er erstreckt sich ungefähr einen Kilometer einen Hang hinauf (bzw. von meinem Wohnhaus aus betrachtet hinunter) und ist ein Paradies aus alten Kastanienbäumen, verschlungenen Wegen und verwitternden Grabsteinen. Was sie zeigen, ist so etwas wie eine Stadtgeschichte in knapp erzählten Einzelschicksalen, schließlich werden dort seit zweihundert Jahren Menschen begraben und, was noch viel besser ist, auf Grabinschriften gewürdigt. Hier liegt der „Lehrer" neben dem „Lokomotivführer" und dem „Wirklichen geheimen Kriegsrat". Ja, so etwas hat es früher tatsächlich gegeben. Ich frage mich immer, ob er wirklich geheim war oder wirklich um Rat gefragt wurde. Dort sind christliche Gräber, jüdische Gräber, muslimische Gräber, buddhistische und hinduistische Gräber, freigeistige Gräber, Kindergräber, Familiengräber, Fliegergräber und Soldatengräber. Da gibt es ein großes, pompöses Ehrenmal für die Helden aus dem Deutsch-Französischen Krieg 1870-71, ein etwas kleineres für die Gefallenen des Weltkriegs von 1914-18 und schließlich ein schlichtes für die Opfer von Krieg und Willkürherrschaft 1939-45. Steingewordene Erinnerungen an berühmte Bürger und windschiefe, überwucherte Kreuze, auf denen die Inschriften längst schon so unleserlich sind wie die darunter Liegenden vergessen. Jeden Tag über den Friedhof zu gehen, macht etwas mit mir. Ich denke ständig darüber nach, was das Leben ist und was davon bleibt. Und was davon einmal auf meinem Grabstein stehen soll. Und was man besser verschweigt. Deshalb bin ich froh, jeden Tag durch den Friedhof zu gehen. Bis man mich eines Tages dorthin tragen wird.

> Jeden Tag über den Friedhof zu gehen, das macht etwas mit mir.

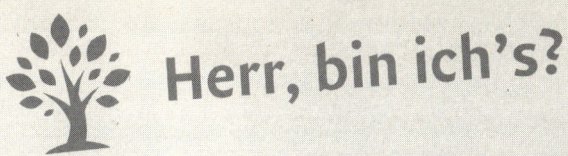

Herr, bin ich's?

Es wird dämmrig in Jerusalem, die Schatten werden länger. Im Obergemach kämpfen ein paar Öllampen nur mühsam gegen die hereinbrechende Finsternis. Die flackernden Flammen fallen auf die Gesichter von rauen Männern, grob geworden durch die Arbeit in Sonne und Wind. Sorgenvolle Minen von Familienvätern sind darunter, denen man ansieht, dass es ihnen nicht leichtfällt hier zu sein, weil es bedeutet, dass zu Hause der Ernährer fehlt. Hoffnungsvolle Gesichter von Jugendlichen sind dabei, Menschen, die in meiner Welt immer noch Kinder wären, hier aber schon längst ihren Mann stehen müssen. Es sind Männer in einfacher Kleidung, in grobem Woll- und Leinenstoff, an manchen Stellen geflickt.

Ich schaue an mir herunter und frage mich, ob ich überhaupt dazugehöre, ob ich das Recht habe, hier an diesem Tisch zu sitzen. Meine Kleidung ist anders, aber noch mehr das, was ich mein Leben nenne. Zweitausend Jahre trennen mich von diesen Menschen, zweitausend Jahre, in denen die Finsternis nicht gesiegt hat, aber die Welt auch nicht grundlegend anders geworden ist. Katastrophen oder zumindest die Meldungen über sie gehören zu meinem täglichen Abendprogramm, sie füllen die Nachrichten, bis der Sport kommt und das Wetter. Es sind Berichte aus einer fernen Welt, von einem fremden Planeten, den ich mit den Menschen aus den Fernsehbildern teile so wie mit den Männern hier am Tisch. Meine Welt ist anders, in ihr lebe ich auf eine Weise, von der zu ihrer Zeit selbst Könige nur träumen konnten. Mein Reich ist längst angebrochen – aber ich bin nicht glücklich, sehe nicht so zufrieden aus wie sie, habe keine große Vision vor Augen. Ich hetze zwischen Terminen, mache mir Sorgen um Arbeit und Familie, fühle mich schuldig und kann doch so wenig machen. Durch die Jahrhunderte hindurch schaue ich auf mein Gegenüber am Tisch und frage mich, ob ich damals auch dabei gewesen wäre. Hätte ich die Kraft gehabt, so wie sie bedingungslos auf Jesus zu vertrauen? Hätte ich wie sie alle Träume und Sehnsüchte in die Hände dieses Mannes aus Nazareth gelegt, der mit ihnen hier am Tisch sitzt?

Aber hätte ich überhaupt die Kraft gehabt, so auf Gott zu warten, so mit der Krise zu leben, durch Jahrzehnte und Jahrhunderte hindurch? Und hätte ich es aus ganzem Herzen getan, voller Vertrauen auf Gott und seine neue Welt, oder hätte ich nur Worte des Glaubens gefunden, um zu verschleiern, dass mir der

Mut derer fehlt, die ihr Leben für das Reich Gottes geopfert haben?

Hätte ich überhaupt so eine große Vision gehabt? Lebe ich nicht an vielen Stellen eher eine Frömmigkeit, die Gottes Herrschaft über das Universum verleugnet und ihn nur ein kleiner Fürst in meiner Gemeinde sein lässt, den man mit aller Macht vor der feindlichen Welt bewahren muss, weil er sich selbst scheinbar kaum helfen kann?

Hoffe ich überhaupt auf das Reich Gottes, sehne ich mich nach ihm, träume ich davon, bete und kämpfe ich dafür? Habe ich nicht Gott reduziert auf die Momente, in denen ich mir Geborgenheit wünsche, auf die kleinen Probleme, auf die Schicksalsschläge, die sich nicht beherrschen lassen? Ist meine Religion mehr als ein paar Rituale, um den Alltag zu bewältigen – ist mein Gott also klein und mein Lobpreis flach?

Mein Blick geht um den Tisch, die Schemen dahinter, und er fällt auf Jesus. Ruhig sitzt er da, blickt sich um in der Runde, mustert die Gesichter. Schließlich nimmt er das Brot, bricht es und fängt an es auszuteilen. Dann zögert er. Einen der Brocken hebt er auf und führt ihn zur Schüssel. Herr, bin ich's?

essen

Zu meinen schönsten Kindheitserinnerungen gehören die Wochenenden, die ich allein bei meiner Oma verbringen konnte. Sie wohnte in einer Stadt bei uns um die Ecke. Meine Eltern brachten mich freitags nach der Schule hin und dann stand erst einmal ein langer Fernsehabend an, bei dem ich allein über das Programm bestimmen durfte. Außer wenn es „Aktenzeichen XY ungelöst" gab, das wollte meine Oma auf jeden Fall sehen. Sie war nämlich sehr sicherheitsbewusst, sie verfügte sogar über Dinge, die ich sonst nur aus amerikanischen Großstadtkrimis kannte: Türketten, abschließbare Fenstergriffe und natürlich diverse Zeitschaltuhren, die überall im Haus das Licht an- und wieder ausknipsten.

> Zu meinen schönsten Kindheitserinnerungen gehören die Wochenenden, die ich allein bei meiner Oma verbringen konnte.

Vielleicht hatte dieses Sicherheitsbewusstsein auch etwas mit „Aktenzeichen XY" zu tun, denn

die Welt meiner Oma war voller Gauner und Verbrecher. Beinahe jeden zweiten Tag berichtete sie von irgendwelchen finster aussehenden Kerlen, die auf verdächtige Weise um ihr Haus herumspionierten. Eingebrochen wurde dort allerdings nie, wahrscheinlich schwante ihnen allen, dass es sich um eine nahezu uneinnehmbare Festung handelte, die man höchstens unter großen Verlusten erobern könnte.

Ich durfte „Aktenzeichen XY" daheim jedenfalls nicht sehen, meine Eltern mochten die Sendung nicht besonders. Genau das machte sie zwar interessant, allerdings war sie auch ein bisschen unbefriedigend. Wenn wir da auf den grünen Samtsesseln bei meiner Oma im Wohnzimmer saßen und ich den heißgeliebten, pappsüßen Nussjoghurt schlabberte, den sie immer für mich bereithielt, dann hatte ich jedes Mal den Eindruck, dass „Aktenzeichen XY" im Gegensatz zu dem „Alten" oder dem „Fall für zwei" aus vier bis fünf ungelösten Krimis bestand, deren jeweils letzter Akt in unserem dunklen Hausflur stattfinden würde. Mit düsterem Gesicht warnte der Moderator jedenfalls immer davor, die entsprechenden Täter selbst stellen zu wollen. Sie würden nämlich ohne zu zögern von der Waffe Gebrauch machen.

Mit dem beruhigenden Gefühl, dass unser Haus

ein gegen alle Eventualitäten gesicherter Bunker war, gingen wir dann ins Bett. Schlafen konnte ich trotzdem nicht. Nicht, weil ich mir Sorgen um all die Diebe und Mörder machte, sondern weil meine Oma schnarchte und dabei gelegentlich mit dem Atmen aussetzte. In solchen Fällen saß ich kerzengerade im Bett und legte mich erst wieder hin, wenn sie wieder schnarchte. Dann konnte ich aber noch weniger einschlafen.

Der Samstagmorgen brachte einen weiteren Höhepunkt: Wir fuhren gemeinsam mit dem Bus auf den Markt. Bei mir zu Hause gab es nur ein Lebensmittelgeschäft mit der entsprechenden Dorfauswahl. Man konnte dort Wurst oder Käse kaufen. Betrieben wurde es von einer alten Dame, die auf den Namen „Lieschen" hörte. In jedem Dorf hießen damals alle alten Frauen entweder „Lieschen" oder „Mariechen", bei uns war das auch nicht anders. Lieschen hatte an der Kasse immer mehr Zeit, als meiner Mutter lieb war. Manchmal brauchte sie Stunden für einen Einkauf, weil Lieschen vor dem Kassieren erst noch den Dorftratsch loswerden musste. Für die findige Hausfrau hatte sie zudem immer einen Tipp parat. Wenn meine Mutter zum Beispiel darüber klagte, dass die gerade eben gekaufte Milch schon umgegangen war, be-

> In jedem Dorf hießen damals alle alten Frauen entweder „Lieschen" oder „Mariechen", bei uns war das auch nicht anders.

kam sie statt einer neuen Milch ein paar Rezepte für Dickmilch, die nach der keinen Widerspruch duldenden Ansicht von Lieschen sowieso viel besser schmeckte.

In der Stadt auf dem Markt war alles anders. Na ja, nicht wirklich. Hier gab es im Prinzip die gleichen Lebensmittel wie bei Lieschen, aber man musste dafür zu verschiedenen Ständen gehen, was schon der erste Schritt zum wahren Einkaufserlebnis ist. Und alles war frischer, behauptete jedenfalls meine Oma. Deshalb hat sie ihren Tetrapack Milch und die eingepackte Butter immer lieber auf dem Markt gekauft.

> In Hinblick auf eine nachhaltigere Ernährung kommt man am Wochenmarkt tatsächlich kaum vorbei.

In Hinblick auf eine nachhaltigere Ernährung kommt man am Wochenmarkt tatsächlich kaum vorbei, das haben jedenfalls meine Frau und ich festgestellt. Nur muss man die Stände nach anderen Kriterien auswählen als meine Oma. Bei uns verkauft zum Beispiel ein Biobauer aus dem Nachbardorf seine Waren, daneben gibt es einen Stand mit ökologischen Brot- und Molkereiprodukten. Da eine nachhaltige Ernährung nicht einfach nur „Bio" ist – denn die Umwelt hat nur wenig davon, wenn in dem Joghurt zwar keine Schadstoffe sind, der Joghurt selbst aber zehnmal so viele Kilometer auf dem Buckel hat wie ein herkömmlicher – achten wir auch darauf, dass unsere Lebensmittel fair gehandelt und wenn möglich regional angebaut und saisonal sind. Hierzu bildet der Wochenmarkt den idealen Einstieg. Unser Biobauer verkauft tatsächlich vorwiegend Selbstangebautes, bei allem anderen kennt er die Herkunftsorte und Vertriebswege. Das Gleiche trifft auch auf den Brot- und Käsestand zu.

Auf diese Weise umgeht man übrigens den Siegel-Wirrwarr, der den nachhaltigen Einkauf für Ungeübte zur Plage macht und gleichzeitig einem ständig wachsenden Buchmarkt, in dem die verschiedenen Labels und Logos erklärt werden, gute Absatzchancen liefert. Im Prinzip ist zwar alles ganz einfach: Man sieht ein Siegel, merkt sich seinen Namen und schaut im Internet nach, wofür es steht. In der Praxis ist das jedoch völlig verwirrend, weil mehrere Siegel oft das Gleiche aussagen, es allerdings zum Beispiel für Wein ein anderes Biosiegel gibt als für Bier. Hinzu kommt, dass man das, wofür die einzelnen Siegel jeweils stehen, falsch einschätzt. „Fair" gehandelte Ware muss zum Beispiel nicht „bio" sein. Umgekehrt garantiert das EU-Bio-Siegel nur, dass das gekaufte Produkt bestimmten ökologischen Qualitätsstandards unterliegt, aber nicht, dass die Tiere artgerecht gehalten oder die Bauern gut bezahlt wurden. Es gibt durch-

> Eine nachhaltige Ernährung ist nicht einfach nur „Bio".

aus „Bio"-Massentierhaltung, die eigentlich dem Nachhaltigkeitsgedanken widerspricht, aber trotzdem „ökologisch einwandfreie" Produkte erzeugt. Insofern sollte man bei Siegeln nicht nur genau hinsehen, sondern auch selbst überlegen, was man unterstützen möchte. Wir haben in dieser Hinsicht so etwas wie ein internes Ranking. Uns ist zum Beispiel artgerechte Tierhaltung und faire Bezahlung wichtiger als „Bio" im klassischen Sinn, weswegen wir uns im Zweifel eher für ein „Neuland"-Produkt als für ein EU-Bio-gesiegeltes entscheiden.

> Uns ist artgerechte Tierhaltung und faire Bezahlung wichtiger als „Bio".

Wer sich regional und vor allem saisonal ernährt, minimiert zudem ein Problem, das viele davon abhält, überhaupt Bioprodukte zu kaufen. Sie sind nämlich tatsächlich um einiges teurer, allerdings nur dann, wenn man sie außerhalb der jeweiligen Saison kauft. Wenn gerade Salatzeit ist, sind die Unterschiede zwischen den einzelnen Produkten nicht besonders groß. Wenn man dann noch auf eine regionale Herkunft achtet, spart man nicht nur lange Transportwege, sondern tut auch etwas zur Erhaltung der bäuerlichen Struktur.

Besonders Letzteres ist uns sehr wichtig, denn uns ist aufgefallen, dass es immer weniger selbständige kleine Bauern und dafür immer mehr Agrarfabriken gibt. Hier werden die Tiere jedoch nicht nur ganz anders gehalten, sie können auch nicht mehr vom Umland ernährt werden. Das führt zu längeren Transportwegen für Futter und Gülle, was wiederum bedeutet, dass mit einem plötzlichen Anstieg der Transportkosten (etwa durch eine Ölkrise) die Nahrungsmit-telversorgung schwierig wird – vor allem dann, wenn es sich um Viehrassen handelt, die man nicht mehr einfach auf die Weide schicken kann, weil ihre Mägen auf die Verdauung von Sojabohnen aus Südamerika „optimiert" wurden.

Ein Biobauer auf dem Wochenmarkt ist nicht zuletzt eine Fundgrube für alles Mögliche, denn solche Leute sind in der Regel vernetzt, nicht nur in verschiedenen Gruppen und Organisationen, die sich Nachhaltigkeit zum Anliegen gemacht haben. Sie kennen auch die regionalen Strukturen, wenn es um den Kauf von Dingen geht, die nicht auf dem Wochenmarkt angeboten werden. Darüber hinaus können sie einem wertvolle Tipps geben, wie man zum Beispiel mit Gemüsesorten umgeht, die längst nicht mehr zu unserem alltäglichen Speiseplan gehören.

Ich möchte nämlich keine falschen Illusionen wecken: Wer sich regional und saisonal ernähren möchte, kommt um Steckrüben und verschiedene Kohlsorten kaum herum, denn so etwas wächst

> Wer sich regional und saisonal ernähren möchte, kommt um Steckrüben und verschiedene Kohlsorten kaum herum.

nun einmal bei uns, wenn anderes nicht mehr wächst. Unser erster Winter in dieser Hinsicht war denn auch dementsprechend hart, schließlich kannten wir kaum Gerichte ohne Tomaten und Paprika als zentrale Bestandteile. Und wenn es draußen grau, neblig und kalt wird, fehlt zum Glück eigentlich nur noch eine Steckrübensuppe. Meine Großeltern haben mir immer von den Wintern in der armen Zeit vorgeschwärmt, als es nichts anderes zu essen gab. Ich kann sie mittlerweile verstehen.

Ihr Problem war jedoch nicht, dass es nur Steckrüben und Kohl gab, sondern dass sie noch kein Internet hatten. Denn auch Steckrüben kann man googlen. Und siehe da, es gibt Rezepte, die daraus und aus den verschiedenen anderen Gemüsen recht schmackhafte Gerichte werden lassen. An einen Grillabend mit Burgern und Bier kommen sie zwar immer noch nicht heran. Aber man kann ja nicht alles haben.

Um eine echte Nahrungsumstellung kommt man sowieso nicht herum, ansonsten ist Bio tatsächlich furchtbar teuer. Das liegt vor allem am Fleisch. Biofleisch schmeckt wirklich um Klassen besser als das aus Massentierhaltung, das hat allerdings seinen ziemlich astronomischen Preis. Insofern muss man schon um des Geldbeutels willen Fleisch durch andere Dinge ersetzen. Das be-

So sehen Ökofreaks aus... (im Uhrzeigersinn von links hinten: Thomas, Sabine, Gracie, Alicia; in der Mitte: Calvin)

... aber wir können auch anders (Hauptsache ohne Krawatte)

Unser Haus, zum Glück meistens mit weniger Schnee

Aber noch lieber „wohnen" wir dort
(wir campen natürlich ohne Chemie)

Eng ist es manchmal auch zu Hause. Unser altes Kinderschlafzimmer.

Auf der Suche nach der „guten, alten Zeit" in einem Museumsdorf in den Niederlanden

War das noch nachhaltig …?

… oder sollten wir besser gleich zurück in die Steinzeit wie in diesem Museumsdorf in England?

Und überhaupt: Amisch können wir auch ... (Emily)

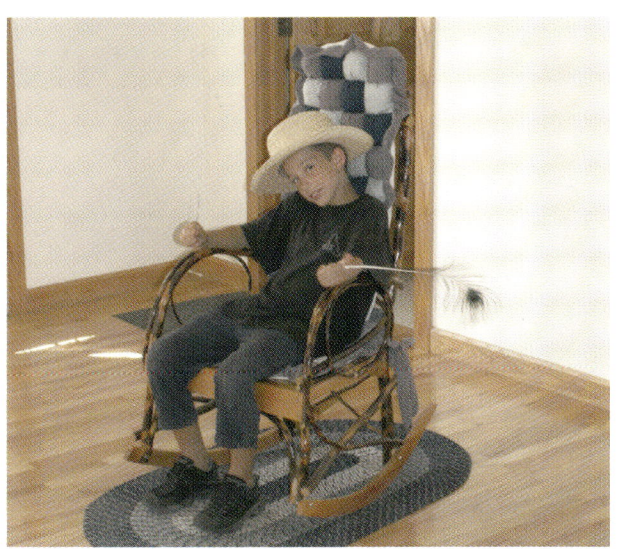

... und so unbequem war es gar nicht (Calvin)

Wer sind hier die Amischen, wer die Deutschen (oder „Englischen")?

Eine amische Garderobe

„German Town" ist überall.
Aber wie schleppt man eine falsch geparkte Kutsche ab?

Also ran ans Selbermachen wie Emily mit der Butter

Selbstgemachtes ...

... schmeckt besser (Calvin)

... und hört sich (manchmal) auch besser an
(von links: Calvin, Emily und Alicia)

Auch sie ernährt sich nachhaltig (Leika)

Tiere sind ganz wichtig

Endlich draußen (Sabine)

Pause auf einer Fahrradtour (von links: Gracie, Sabine und Alicia)

Unsere Weihnachtspalme –
ein Baum, der jedes Jahr ein bisschen größer ist

... und die Geschenke für die ganze Familie

Des Büchermachens ist kein Ende

deutet nicht, dass man gleich zum Vegetarier werden muss – obwohl wir mit einer fleischärmeren Ernährung nicht nur einen Beitrag zur Bekämpfung des Welthungers leisten, sondern gleichzeitig auch den weltweiten CO_2-Ausstoß reduzieren könnten – es reicht schon, den Sonntagsbraten wieder zu dem zu machen, was er früher einmal war. Eben der kulinarische Höhepunkt der Woche, kein Alltagsgericht. Verrückterweise erkennt man damit gerade am Fleisch, warum viele Nahrungsmittel heute im Vergleich zu früher so billig sind: Sie sind tatsächlich auch billig gemacht. Wenn wir zur alten Qualität zurückkehren wollen, müssen wir auch die alten Preise dafür zahlen, selbstverständlich inflationsbereinigt. Natürliches Wachstum braucht nun einmal seine Zeit, und die lässt sich nicht abkürzen.

Was für Tiere stimmt, gilt noch mehr für Menschen. Selbst Leute, die sich mit Bio nicht anfreunden können, sollten sich wenigstens fair ernähren. Es gibt einige Nahrungsmittel, allen voran Kaffee und Schokolade, die geradezu gleichbedeutend mit sklavereiähnlichen Beschäftigungsverhältnissen und Kinderarbeit sind. Gleichzeitig gibt es hier mittlerweile sogar bei Discountern faire Alternativen, die zwar ein bisschen mehr

> Ich fürchte, die eigentlichen Gauner habe ich bei „Aktenzeichen XY" nie zu Gesicht bekommen.

kosten, aber nur uns, die wir das Geld dazu haben. Und das ist mir lieber, als dass Menschen, die sowieso schon bettelarm sind, um ihre Gesundheit gebracht und ihre Zukunft betrogen werden. Denn ich fürchte, die eigentlichen Gauner habe ich bei „Aktenzeichen XY" nie zu Gesicht bekommen.

anziehen

Es ist nun schon lange her, mir kommt es vor wie Jahrzehnte. Ich war damals noch Berufsanfänger, war erst seit ein, zwei Jahren dabei. In dieser Zeit hatte ich beruflich oft auf großen Jugendevents zu tun, christlichen Konferenzen, bei denen die Hauptattraktion die Musik war und die Veranstalter darum herum noch ein paar Predigten platzierten. Ich war schon in dem Alter, in dem einem auffällt, dass so ein Schlagzeug doch recht laut ist, wenn es in einem relativ kleinen Raum auch noch verstärkt wird. Deshalb habe ich mich nach meinem Workshop lieber in die Cafeteria gesetzt.

Der Raum war voller Jugendlicher, Teens und vor allem Studenten. Wenn Christen aus dieser Altersgruppe zusammenkommen, dann fühlt man sich wie bei „Jesus sucht das Super-T-Shirt", wenn es denn so etwas gibt. Überall martialische Sprüche: „Jesus Terror Force", „Demon Hunter" oder auch einfach nur „This is your brain in hell". Dazu Fleckentarnhosen, Springerstiefel und Punkfrisuren. Mädels mit „Won by One", „Geliebt", „Forgiven" und Ähnlichem auf der Brust. Andere wiederum hatten Kapuzenshirts und Hosen an, bei denen zu befürchten war, dass sie sie bei einer unbedachten Bewegung verlieren könnten. Aber solche Jungs bewegen sich ja nicht unbedacht, sondern nur gaaaanz langsam. Vielleicht auch, weil man durch eine dunkle Sonnenbrille nicht allzu viel sieht.

Ich saß da jedenfalls bei meinem Becher Kaffee und bemerkte mit einem Mal, dass ich nicht mehr dazugehörte. Bis vor Kurzem war ich auch noch Student gewesen und konnte auf Partys ohne Probleme in der Menge verschwinden. Nun musste ich aufpassen, dass die Leute mich nicht siezten oder, noch schlimmer, „Bruder Dr. Weißenborn" nannten. Das ist etwas, mit dem ich mich noch nie anfreunden konnte, vielleicht auch deswegen, weil wir einmal ein Jahr in England gelebt haben. Dort war alles so informell, dass man selbst von Sachbearbeitern nur die Vornamen kannte: „Guten Tag, ich würde gern mit Cindy sprechen, Steve hat mir nämlich gesagt, ich solle mich mit meinem Problem an sie wenden." Irgendwie war das viel lockerer gewesen, als sich alle nur geyouzt hatten.

Aber hier am Cafeteriatisch sagten tatsächlich einige der Dämonenjäger Sie zu mir. Ich sah an mir hinunter. Was ich bis eben noch für einigermaßen normal gehalten hatte – eine Jeans, die wie eine gewöhnliche Hose saß, dazu ein unbekehrtes Sweatshirt und schlichte braune Schuhe – wirkte auf einmal völlig fehl am Platz. „Ich glaube, ich muss mir neue Klamotten kaufen", sagte ich zu einer unserer Studierenden, die bei mir am Tisch saß. „Ich fühle mich so uncool." – „Sei doch froh", war ihre entwaffnende Antwort. „Du musst doch auch gar nicht mehr cool sein."

Dieser Satz hat mich damals bis ins Mark getroffen. Wenn es irgendein Ereignis gibt, das ich als das bewusste Ende meiner Jugendzeit beschreiben würde, dann war es dieses. Nicht, dass meine Jugend in den Augen der anderen nicht sowieso schon längst vorbei gewesen wäre, schließlich siezten sie mich, aber ich wollte es irgendwie nicht so richtig wahrhaben. Unsere Gesellschaft hat ja mit dieser Grenze einen etwas komischen und sicher nicht besonders gesunden Umgang. Kinder tun oft furchtbar erwachsen, während viele Erwachsene alles tun, um weiterhin jugendlich zu wirken. Aus der Midlife-Crisis wird dann schnell eine zweite Pubertät, nur dass man heute mehr Geld zur Verfügung hat als damals, als man dafür noch Zeitungen austragen musste. Das Moped wird deshalb ein bisschen größer, und man muss auch nicht mehr daran herumschrauben, damit es richtig schnell ist.

Am Anfang habe ich eine Weile damit gehadert, dass meine Jugend nun zu Ende war und ich nicht mehr cool sein musste. Heute muss ich allerdings zugeben, dass dieser Gedanke in den seither vergangenen Jahren immer mehr wie eine Befreiung wirkt. In der Stimme der Studentin schwang schließlich auch etwas Wehmütiges mit. Sie musste noch cool sein, ich hatte das nicht mehr nötig. Ich hatte nämlich schon alles erreicht, was sich Jugendliche von ihrem Coolsein noch erhofften. Ich hatte einen festen Platz im Leben, war verheiratet, hatte mehrere Kinder, eine unbefristete Stelle, führte einen eigenen Haushalt, stand in jeder Hinsicht auf eigenen Füßen. Dabei geht es nicht nur um das Materielle, man zählt so etwas ja nicht im Sinne von „mein Haus, mein Auto, mein Boot" auf, sondern dahinter steht ein verändertes Selbstwertgefühl: Die Frage, ob ich so liebenswert bin, dass sich ein Mensch ein Leben lang an mich binden möchte, ist mit der Hochzeit beantwortet (auch wenn die Antwort jeden Tag neu buchstabiert werden muss); ebenso ist die nicht weniger bange Frage während der Ausbildung, ob ich in meinem Feld jemals so gute Arbeit leisten werden, dass mich einer dafür sogar bezahlt, mit der ersten festen Stelle erledigt. Ich muss also gar nicht mehr cool sein, muss nicht durch mein Aussehen anerken-

> An die Frage nach den richtigen Klamotten gehen Eltern und Kinder notgedrungen sehr unterschiedlich heran.

nende Blicke auf mich ziehen, weil ich meinen Wert längst anderswoher bekomme.

An die Frage nach den richtigen Klamotten gehen Eltern und Kinder deshalb notgedrungen sehr unterschiedlich heran. Wenn ich ehrlich bin, dann sind mir nämlich nur ein paar Dinge wichtig: Bequem sollte die Kleidung sein (also nicht zu eng anliegend), zweckmäßig, relativ unempfindlich gegen Schmutz (ich habe Kinder), und sie sollte ohne Krawatte gut aussehen. Gerade auf Letzteres lege ich großen Wert und teste in dieser Hinsicht gern bei offiziellen Anlässen die Grenzen aus – wobei ich mich jedes Mal ärgere, wenn irgendeiner keine Krawatte trägt und das nicht ich bin.

Meiner Erfahrung nach kann ich diese Bedürfnisse ziemlich einfach mit Second-Hand-Bekleidung abdecken, wobei mir mein Schwiegervater und mein Schwager lange Zeit als Quelle dienten. Zum Glück halten die meisten Dinge ein paar Jahre, sodass man eigentlich nur recht wenig neu kaufen muss.

Wenn aber doch, stehe ich vor einer gewissen Herausforderung: Jeder, der sich mit der Textilindustrie etwas näher beschäftigt, weiß, dass es Gründe dafür gibt, warum die meisten Kleidungsstücke in bettelarmen Ländern wie Bangladesh oder Pakistan gefertigt werden. Dort sind die Löhne so niedrig, die Arbeitszeiten so unbarmherzig und die Bedingungen so erbärmlich, dass unsere „Markenhersteller" trotz eines fetten Werbeetats noch saftige Gewinne einfahren können. Möglich wird das nicht zuletzt auch dadurch, dass Baumwolle die am meisten getragene Faser geworden ist. Das ist sie freilich erst, seitdem im neunzehnten Jahrhundert eine Maschine entwickelt wurde, mit der man Baumwolle überhaupt erst zu Fäden spinnen konnte. In riesigen Monokulturen und unter enormem Chemie- und vor allem Gifteinsatz produziert, verdankt die Baumwolle ihren Aufstieg also nicht etwa ihrem Tragekomfort, sondern in erster Linie der Tatsache, dass sie billig ist und sich gut verarbeiten lässt. Damit hat sie traditionelle Fasern wie Leinen oder Wolle so verdrängt, dass diese in unseren Augen nicht nur nicht „normal" sind, sondern eher als „Luxusfasern" gelten.

> Die Baumwolle verdankt ihren Aufstieg nicht etwa ihrem Tragekomfort, sondern in erster Linie der Tatsache, dass sie billig ist und sich gut verarbeiten lässt.

Wer mit der Mode geht und jedes Jahr seine Garderobe mit „preiswerten" Baumwollprodukten neu aufstockt, tut deshalb nicht nur der Umwelt nichts Gutes, er sorgt auch dafür, dass in der Zwei-Drittel-Welt Arbeitsbedingungen erhalten bleiben, die wir ansonsten nur aus der Hochzeit der Industriellen Revolution im neunzehnten Jahrhundert kennen. Nachhaltigkeit bedeutet also in Bezug auf Kleidung, dass man nicht nur bereits gekaufte Stücke möglichst lange trägt, sondern sie auch durch welche ersetzt, die unter annehmbaren Bedingungen produziert wurden.

Das ist allerdings gar nicht so einfach. Mittlerweile gibt es zwar eine solche Unmenge an Labels und Vertriebsgesellschaften, dass man im Internet ohne Probleme fündig wird. Die haben jedoch oft eine etwas seltsame Vorstellung von ihren Kunden. So kann man ohne Schwierigkeiten T-Shirts in allen Farben, Formen und Schnitten bekommen, darunter auch ganz viele mit witzigen Aufdrucken und flotten Sprüchen. Auch Kapuzenpullover, sogenannte „Hoodies", gibt es zuhauf, mit Reißverschluss und ohne. Damit scheint der durchschnittliche Nachhaltigkeitskunde jedoch ausreichend bedient zu sein, jedenfalls wird weiter oft nur recht wenig angeboten. Ich habe allerdings nie herausgefunden, wie man sich aus T-Shirt und Hoodie ein angemessenes Beinkleid fabriziert, von Unterwäsche und Socken ganz zu schweigen.

Für Männer ist es ohnehin schwierig. Die meisten Versender gehen davon aus, dass nur Jugendliche und Frauen an fairer Kleidung interessiert sind. Für Männer gibt es manchmal noch „Basics" – also geschlechtsneutrale Klamotten wie Sweatshirts und graue Jogginghosen – oft aber noch nicht einmal die. Und wenn es tatsächlich eine Männerabteilung gibt, dann ist das in der Regel der Stil „erfolgreicher Geschäftsmann Mitte fünfzig auf dem Golfplatz", also nichts für mich, weil die Hemden doch arg nach Krawatte riechen.

Gerade im Hosenbereich sieht es sehr dünn aus, es sei denn, man ist klein und dick. Zwar haben die meisten Anbieter Jeans im Angebot, allerdings nicht in meiner Größe (was ist eigentlich an 34/34 so exotisch?), und wenn doch, dann oft mit langen Lieferzeiten. Ich habe einmal ein Vierteljahr auf eine Hose gewartet, nur um dann festzustellen, dass vierunddreißig Inch im Herstellerland auf rund vierzig in Deutschland hinauslaufen. Da kann man nicht aufs Einlaufen hoffen, aber auch nicht auf eine Ersatzlieferung in der richtigen Größe, für die der Liefertermin ebenfalls völlig unbestimmt war. Ein halbes Jahr und länger ohne Hose herumzulaufen ist jedoch des Guten zu viel.

Wer sich als Mann untenherum wenigstens fair kleiden will, landet deshalb früher oder später bei einem der zahlreichen Outdoorhersteller, von denen die meisten Mitglied der FairWear-Foundation sind, in der die Arbeitsbedingungen streng reglementiert und kontrolliert sind. So wird man ungewollt zum Naturburschen mit praktischen Cargotaschen am Hosenbein. Macht aber nichts, zweckmäßig sind die Hosen allemal, sehr pflegeleicht und Schmutz abweisend und passen auch nicht zur Krawatte.

Von einer Sache bin ich allerdings ziemlich begeistert: Meine Frau unkt immer, dass ich ein Jackenfetischist bin, denn ihrer Meinung nach besitze ich in etwa so viele Jacken wie eine Durchschnittsfrau Schuhe, was natürlich völlig übertrieben ist, allein schon deshalb, weil Schuhe paarweise ausgeliefert werden, Jacken dagegen nicht. Wie dem auch sei, eigentlich brauche ich mittlerweile in der Regel nur noch zwei Jacken, nämlich eine etwas dickere und eine etwas dünnere Wolljacke.  Es ist unglaublich, wie sehr Wolle sogar Funktionskleidung aus GoreTex überlegen ist. Sie ist so atmungsaktiv, dass man die Winterjacke selbst im geheizten Raum anlassen kann und trotzdem draußen nicht friert. Dabei ist sie auch nahezu wasserdicht, wenn die Wolle verfilzt ist. Sie wird jedoch sehr schwer und braucht zum Trocknen ziemlich lange. Auch ist sie alles andere als winddicht. Aber davon einmal abgesehen, perfekt.

Das löst freilich nicht das Klamottenproblem meines Teenagersohnes, der ja auch gern mehr anziehen würde als T-Shirt und Hoodie. Und schließlich muss er noch cool sein, ich ja nicht mehr.

selbermachen

Wer versucht, nachhaltiger zu leben, gilt als Exot. Jedenfalls wird er gern dazu gemacht. Bei uns klingelte eines Tages sogar ein Fernsehteam, das eine Reportage über unser ach so anderes Leben machen wollte. Interessanterweise wussten sie dabei mehr über uns als wir selbst. Das Drehbuch war nämlich schon fertig, es fehlten nur noch die Schauspieler, also wir. Gemeinsam sind wir in den Supermarkt aufgebrochen, haben vor laufenden Kameras unseren Einkaufswagen mit Dingen vollgeräumt, die wir sonst eigentlich gar nicht kaufen, auf denen aber das Bio-Siegel besonders fotogen war, und fuhren dann nach Hause, um unseren „normalen Alltag" zu zeigen: Die Hausfrau macht selbst Käse und Brot, die Kinder sitzen um den Tisch und spielen ein Gesellschaftsspiel, der Vater kommt zu Fuß nach Hause. Die Kamera schwenkt über das Gebüsch vor dem

> Wer versucht, nachhaltiger zu leben, gilt als Exot. Jedenfalls wird er gern dazu gemacht.

Reihenhaus, dazu der Text: „Eigentlich würden Weißenborns ja gern auf einem Selbstversorgerbauernhof leben."

Äh, nein, nicht wirklich. Als wir unser Leben grundsätzlich neu ausgerichtet haben, haben wir uns allerdings daran erinnert, dass sich unsere Eltern und Großeltern zu großen Teilen aus dem eigenen Garten versorgten. Ich muss zugeben, dass dies eigentlich eher meine Frau war. Wie vermutlich die meisten Männer mag ich Gemüse am liebsten dann, wenn man es einer Kuh oder einem Huhn zu fressen gegeben hat und dann nur noch deren Fleisch isst. Meine Kindheitserinnerungen an Gartenarbeit sind denn auch vor allem Unkraut jäten, Rasen mähen und Kanten schneiden – und nicht zu vergessen gefühlt wochenlang dasselbe Gemüse, weil das Zeug gerade schoss. Mit anderen Worten, ich war ganz froh, dass unser Reihenhaus gerade einmal genug Garten hat, um einen Rasenmäher zu wenden.

> Ich war ganz froh, dass unser Reihenhaus gerade einmal genug Garten hat, um einen Rasenmäher zu wenden.

Um unsere Gartenträume zu verwirklichen, mussten wir also erst einmal richtige Deutsche werden, also einem Verein beitreten. Bei uns war das ein Schrebergartenverein, unabdingbare Voraussetzung für die Zuteilung eines Gartens in der entsprechenden Kolonie. Man tritt ein, kommt auf eine Warteliste, muss aber schon einen geringen

Mitgliedsbeitrag zahlen und auf Vereinssitzungen gehen. Auf so etwas gehe ich immer mit gemischten Gefühlen. Mein Beruf beschert mir schon so viele Sitzungen, dass ich eigentlich im Himmel in dieser Hinsicht noch etwas gut habe, insofern brauche ich keine weitere. Andererseits ist es immer wieder nett zu sehen, wie andere Vereine ihre Sitzungen organisisieren. Und da muss ich sagen, wer einmal den halbstündigen Rechenschaftsbericht eines Kassenwartes gehört hat, wird sich nie wieder über eine Predigt beschweren.

Bei uns ging es übrigens recht schnell, schon nach einem halben Jahr Wartezeit hatten wir unseren Garten. Leider war er in dem Zustand, in dem so ein Garten ist, der jahrzehntelang in der Hand einer Familie war, die aber die letzten fünf Jahre eigentlich keine Zeit mehr dafür hatte und noch einmal fünf Jahre gebraucht hat, um daraus die Konsequenz zu ziehen, ihn zu verkaufen. Er entsprach ein bisschen dem Zustand der Erde nach dem Sündenfall: „Verflucht sei der Acker um deinetwillen! Mit Mühsal sollst du dich von ihm nähren dein Leben lang. Dornen und Disteln soll er dir tragen" (1. Mose 3,17f.). Nur dass bei uns noch eine etwas baufällige Gartenhütte dazukam. Mit dem „Schweiß des Angesichts", von dem im nächsten Vers die Rede ist, haben wir jedenfalls einige Erfahrungen gemacht.

Dass vieles in diesem Garten Schufterei war, lag vor allem an den Umständen, nicht am Garten selbst. Wir haben ihn zu einer ungünstigen Zeit übernommen, nämlich mitten im Sommer, sodass außer Disteln ausraufen auch nichts mehr möglich war. Vom Verein war vorgeschrieben, dass nur ein Drittel als Nutzgarten eingerichtet werden durfte, ein Drittel musste Ziergarten und ein Drittel Rasen sein. Eine weitere Rasenfläche brauchten wir jedoch ebenso wenig wie ein sich in alle Richtungen ausbreitendes Ringelblumenbeet. Und dann war da noch die Hütte, die man auch generalüberholen musste.

Trotz einiger Erträge haben wir nach knapp zwei Jahren darüber hinaus festgestellt, dass das Leben im Kleingärtnerverein nichts für Menschen mit normalen Berufen ist. Nach fünf Uhr abends durfte man dort nicht mehr arbeiten, sonntags ebenfalls nicht (was ich gut finde), aber auch samstags nur bis mittags. Dazu kam, dass es immer bestimmte Zeiten gab, in denen etwas gemacht werden musste – Hecke schneiden, Wasseruhr vor dem Winter aus- und danach wieder einbauen, Gartenbegehung des Vorstandes und vieles mehr. Diese Termine hingen am Schwarzen Brett aus, und wer sie nicht einhielt (oder übersah), bekam böse Blicke und mehrere ernste Gespräche, dass man sich ja schon ein bisschen um seinen Garten kümmern müsse.

> Nach knapp zwei Jahren haben wir festgestellt, dass das Leben im Kleingärtnerverein nichts für Menschen mit normalen Berufen ist.

Nach zwei Jahren haben wir das gute Stück deshalb wieder aufgegeben und stattdessen unser Reihenhausgrundstück so umgestaltet, dass ein kleiner Nutzgarten möglich ist. Jetzt kann sich meine Frau in ihm ohne lange Anfahrtswege austoben. Das ist sicher auch besser für die Umwelt. Und ich habe immer noch genügend Platz, um den Rasenmäher zu wenden.

Auch wenn mir mein Vater vorrechnet, dass sich so ein Garten gar nicht lohnt, weil man alles viel billiger kaufen kann, was ich auch so gewusst hätte, ist mit dem Garten doch etwas verbunden, was sehr wichtig ist. An ihm lernen die Kinder etwas über Saat und Ernte, das Wachstum und den Kreislauf der Natur. Und machen wir uns nichts vor, ich lerne darüber auch eine Menge, schließlich lebe ich in einer Gegend, in der normalerweise selbst der Rasen ausgerollt wird. Woher soll man also wissen, wie lange der sonst zum Wachsen braucht?

> Am Garten lernen unsere Kinder etwas über Saat und Ernte, das Wachstum und den Kreislauf der Natur.

Das ist aber nicht nur mit Pflanzen so, sondern auch mit vielen anderen Dingen. Ich entdecke immer mehr, dass ich überhaupt nicht abschätzen kann, wie viel Arbeit und Energieeinsatz in den Sachen steckt, mit denen ich jeden Tag zu tun habe. Ist es schwieriger einen Camembert herzustellen als einen Gouda? Ist ein Holzschränkchen aufwendiger zu produzieren als ein Anzug? Und wie viele Arbeitsstunden stecken in meinem Handy, meiner Armbanduhr oder meinem T-Shirt? Auf all diese Fragen habe ich keine Antwort und das, obwohl ich eigentlich ganz gut mit Werkzeug umgehen kann und sehr zum Leidwesen meiner Frau auch vor Elektrizität nicht zurückschrecke.

Wir wollten deshalb zumindest einigen Dingen auf den Grund gehen – vor allem meine Frau, ich schraube ja sowieso schon alles auseinander. Sie hat also angefangen, selbst Brot zu backen, Käse zu machen und verschiedene Kleidungsstücke zu nähen. Natürlich nicht alles auf einmal. Brot backen kann man recht einfach mit einem Backautomaten, aber den haben wir mittlerweile verkauft, weil man das auch im Ofen gut machen kann und die Brote aus dem Automaten nach einer Mahlzeit alle sind. Immerhin sind wir eine sechsköpfige Familie.

Zum Käsemachen gibt es zahlreiche Bücher, man braucht dazu allerdings ein frisch geschlachtetes Kälbchen – so haben sie es früher gemacht – oder Labferment aus der Apotheke oder dem Internet. Und fürs Nähen gibt es unzählige Kurse in der Volkshochschule und darüber hinaus. Alles also kein Problem, vor

allem dann nicht, wenn man nicht grundlegend umsteigt, sondern einfach nur ein bisschen herumexperimentiert. Aber auch dann hebt es das Selbstwertgefühl enorm, wenn man etwas im eigentlichen Sinne „kann", also aus eigener Kraft in der Lage ist, ein Grundbedürfnis zu stillen. Und gleichzeitig gibt einem das einen tief greifenden Respekt vor den Menschen, die hinter den Dingen stehen, die für uns so selbstverständlich geworden sind, dass wir sie kaum noch als etwas Besonderes wahrnehmen.

> Es hebt das Selbstwertgefühl enorm, wenn man aus eigener Kraft in der Lage ist, ein Grundbedürfnis zu stillen.

Ein Problem, auf das wir immer wieder angesprochen werden, existiert übrigens in Wirklichkeit gar nicht: Unsere Kinder werden dadurch nicht zu Außenseitern. Ich erinnere mich zwar noch gut an die Kindergeburtstage bei meinen Ökofreunden, wo Gemüsesorten in Torten verbacken wurden, die auch bei größtem Wohlwollen dort nicht hineingehörten, oder alles mit Honig gesüßt war. Das waren Außenseiter, die man aber dennoch besuchte, nur eben nicht wegen, sondern eher trotz des Kuchens. Damals war es aber noch völlig normal, dass Mütter selbst backten, Gemüse aus dem eigenen Garten servierten und Hosen umnähten. Letzteres war geradezu nervig normal, denn das legte einen über mehrere Wachstumsschübe hinweg auf dieselbe Hose fest.

> Weil Selbermachen selten ist, wird es begehrt. Und was begehrt ist, ist auch cool.

Heute ist all das exotisch und zwar so exotisch, dass es wieder cool ist. In den auf Schulhöfen üblichen Lebensmittelbörsen erzielt das Pausenbrot unserer Kinder regelmäßig hohe Preise, da geht ein selbst gemachter Muffin gut und gerne für eine Tafel Schokolade über den Tisch. Und ein selbst gebackenes Brot kann man gegen ein größeres gekauftes tauschen. Der Kapitalismus funktioniert eben auch hier. Und weil Selbermachen selten ist, wird es begehrt. Und was begehrt ist, ist auch cool.

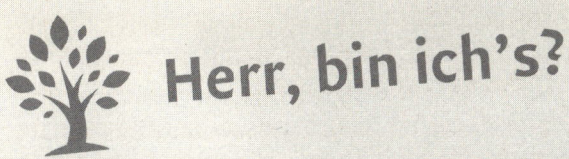

Herr, bin ich's?

Es wird Nacht in Jerusalem, die Geräusche der Straße werden leiser, die Stadt kommt zur Ruhe. Schemenhaft sehe ich Jesus – den armen Jesus, einen Mann, der nicht mehr besitzt als die Kleidung, die er auf dem Leib trägt. Ruhelos wanderte er durch Galiläa und hierher nach Jerusalem, ein Mann ohne festes Einkommen, ohne Obdach, ohne Sicherheit, ohne all das, was mein Leben ausmacht. Mein Blick fällt auf die Menschen neben ihm, seine Jünger. Einfache Menschen sind es, verschwitzte Männer mit groben Händen. Die Straßen der antiken Welt sind voll von solchen Leuten, von Menschen, die wissen, was es heißt, ums Überleben zu ringen. Die tägliche Arbeit, der gedeckte Tisch, ja selbst die Zeit für ein Gebet zu ihrem Gott sind für sie nicht selbstverständlich.

Es sind Menschen, die kämpfen müssen und dafür die denkbar schlechtesten Voraussetzungen mitbringen. Machtlos werden sie herumgestoßen, unbarmherzig nutzen die Reichen ihren Vorteil, ihren Einfluss – und, wenn es sein muss, nackte Gewalt.

Die Armen wissen, dass sie wenig bekommen, weil sie wenig wert sind. Austauschbar sind sie, ersetzbar durch jeden anderen, der in ähnlichen Lumpen daherkommt, ein Wegwerfprodukt, das nicht mehr taugt als seine Arbeitskraft. Ich sehe sie, und sie tun mir leid.

Doch dann beginne ich zu schwitzen. Die kühle Abendluft, die durchs Fenster hineindringt, scheint auf einmal stickig geworden zu sein. Das Atmen fällt mir schwer, weil ein Verdacht in mir aufsteigt, ein nagender Zweifel, der mich nicht mehr loslässt: Ich lebe nicht so wie diese Männer. Und auf einmal ist das keine fröhliche Gewissheit mehr, kein Grund zum Danken, sondern eine unbarmherzige Anfrage. Ich bin keiner von den Armen, denen Jesus das Himmelreich versprochen hat, keiner von den Ausgestoßenen, mit denen er sich identifiziert. Mein Evangelium ist eins des Wohlstandes, ganz und gar verankert in der Welt der Reichen. Nicht auf die plumpe Weise natürlich, ich bete nicht für ein teures Auto und denke auch nicht, dass die, die eins fahren, von Gott besonders gesegnet sind. Mir ist zuwider, wenn Gott nur als persönliche Hilfe gebraucht wird, als Halt, um auf der Leiter immer weiter nach oben zu kommen.

Nein, mein Wohlstands-Evangelium ist viel subtiler, viel versteckter und viel umfassender. In meinem Evangelium kommen die Armen nämlich gar nicht erst vor, sie spielen keine Rolle, sie existieren für meinen Gott genauso wenig wie für die Welt. Sie sind noch nicht einmal Statisten in meinem Leben, höchstens so etwas wie die Kulissenschieber in dem riesigen Theater, das ich für die Welt halte. Doch hinter der großen Bühne, jenseits des Rampenlichts, schuften die Schatten, die dafür sorgen, dass meine bunte Konsumwelt funktioniert, dass es mir an nichts fehlt. Verborgen hinter fröhlichen Werbeplakaten und stimmungsvollem Design vegetieren sie dahin. Die Glitzerwelt der Marken, die sie für mich erschaffen müssen, dürfen sie nicht bewohnen. Und so fristen sie ihr Dasein unbeachtet im Niemandsland, leiden unter Hunger und Ausbeutung, bekommen Kinder, um sie auf die Felder, in die Fabriken, Steinbrüche und Schlachtfelder dieser Welt zu schicken, ertrinken auf dem Weg zu ihren Sonnenstränden. Ich sehe sie nicht, denn sie sind ein Teil meines Lebens, den ich ausblende, so wie der reiche Mann den armen Lazarus vor seiner eigenen Tür nicht bemerkt hat. Und wenn sie doch im Fernsehen für ein paar Sekunden auftauchen, erregen sie mein Mitgefühl. Ich seufze über das Elend der Welt und hoffe auf das Reich Gottes.

Aus dem Verdacht wird Angst, eine Panik, die mich erfüllt. Was ist, wenn sich Jesus nicht geändert hat, wenn er die Oberklasse der Welt genauso behandelt wie die Führungsschicht seines Landes? Was ist, wenn er das ernst meinte mit dem Trost, den die Reichen schon gehabt haben, wenn seine Weherufe in zweitausend Jahren nichts an ihrer Gültigkeit verloren haben, wenn sie eben nicht „geistlich" gemeint waren, wie ich mir gerne vormache, sondern ganz real? Bin ich der Judas, der hier am Tisch sitzt, der Mann mit den Taschen voller Geld, der Schurke, der Jesus verraten hat?

Der Blick von Jesus fällt auf mich. Lange und durchdringend sieht er mich an. Dann nimmt er das Brot, bricht es und führt die Hand zur Schüssel. Herr, bin ich's?

schenken

Meine Generation hat in vielerlei Hinsicht Luxusprobleme. Eines davon betrifft das Spielzeug. Und damit meine ich nicht das Männerspielzeug, mit dem wir uns so umgeben, also Autos, Computer, Tablett-PCs, Smartphones und so weiter. Ich weiß, das ist kein Spielzeug, wir brauchen jedes einzelne Stück davon für unsere Arbeit. Und das Auto haben wir auch nur deshalb tiefer gelegt, damit die Familie besser einsteigen kann.

Doch wie gesagt, davon rede ich gar nicht. Mir geht es um schlichtes, ordinäres Kinderspielzeug. Wenn ich meine Eltern, die beide aus der Kriegsgeneration stammen, nach ihrem Kinderspielzeug frage, ist die Ausbeute ziemlich mager. Das Haus, in dem meine Mutter ihre ersten Jahre verbracht hat, hat am Nikolausabend des Jahres 1944 einen Bombenvolltreffer bekommen. Meine Mutter war mit meinen Groß-

> Meine Generation hat in vielerlei Hinsicht ein Luxusproblem.

eltern zum Glück am Tag davor mit ein paar Habseligkeiten zu Verwandten gezogen, aber als sie die Möbel holen wollten, war da nur noch ein Krater. Alles, was ihr an Kinderspielzeug geblieben ist, ist ihre damals heiß geliebte Puppe.

Mein Vater dagegen kommt vom Dorf und hatte sehr arme Eltern. Hier hat der Krieg nichts zerstört, hätte aber auch nicht viel zerstören können. Dafür kann mein Vater sehr viel von Kinderspielen draußen erzählen, darunter auch einige Abenteuergeschichten wie von einer Flussfahrt auf einem abgeworfenen Fliegertank.

Mit anderen Worten: Das Spielzeug, mit dem ich als Kind gespielt habe, habe ich im Laufe der Jahre alles selbst geschenkt bekommen. Zu erben gab es praktisch nichts, nur mein Bruder hat selbstverständlich einen gehörigen Anteil dazu beigesteuert. Zusammen brachten wir es immerhin auf ein Kinderzimmer voller Lego, Playmobil und anderer netter Sachen.

All das blieb natürlich im Haus meiner Eltern zurück, als ich eines Tages zum Studium auszog und nie wieder dort einzog. „Für die Enkel", sagten sie immer. Ganz Mann nahm ich das natürlich nicht ernst, denn schließlich haben Männer mit

Anfang zwanzig ganz andere Dinge im Kopf als eigene Kinder. Als dann jedoch die eigenen Kinder da waren, wurde mir klar, dass meine Eltern ihre Ankündigung ganz ernst gemeint hatten. Sie wollten den alten Krempel tatsächlich loswerden. Und wo wäre er besser untergebracht als bei einer Familie mit vier Kindern – zumal es sich zu diesem Zeitpunkt noch um die einzigen Enkel handelte.

Dabei blieb es übrigens nicht. Unsere vier Sprösslinge sind allerdings mütterlicherseits bisher die einzigen Enkel geblieben, womit noch einmal eine Waggonladung Spielzeug von den Schwiegereltern dazukam, das dort auf zwei Kinderzimmer verteilt gewesen war. Damit wurde dreißig Jahre zu spät ein Kindheitstraum von mir wahr: Wir besaßen tatsächlich so viele Playmobilschiffe, dass wir eine echte Seeschlacht nachspielen konnten. Auch ansonsten mangelte es an nichts: Die komplette Burg meines Schwagers konnte ich durch mehrere mittelalterliche Häuser ergänzen, zu dem Westerndorf meinerseits hatte er die passenden Indianer und so weiter. Zum Glück war meine Frau schon in relativ jungen Jahren vor allem mit Sport und Tieren zugange, ihr Kindheitsnachlass ist deshalb einigermaßen übersichtlich.

Und bei all dem blieb es natürlich nicht. Egal, wie viel Spielzeug Kinder bereits besitzen, sie haben trotzdem Geburtstag und feiern Weihnachten, was bei vier Kindern acht Geschenkgelegenheiten

> Egal wie viel Spielzeug Kinder bereits besitzen, sie haben trotzdem Geburtstag und feiern Weihnachten.

pro Jahr macht. Ich erinnere mich noch gut an ein Weihnachtsfest bei den Schwiegereltern, als wir überraschenderweise ein neues Schaukelmotorrad überreicht bekamen – natürlich nicht wir, sondern die Kinder. Nun heißen Vans zwar offiziell oft „Großraumlimousinen", allerdings relativiert sich dieser Raum recht schnell, wenn man sowieso schon sechs Plätze belegt. Das Motorrad hätten wir also nur dann mitnehmen können, wenn wir uns den Anhänger meiner Schwiegereltern ausgeliehen hätten. Das wollten wir aber nicht. Das Motorrad musste also auf eine Fahrt warten, in der mehr Platz im Auto war.

Angesichts der Aussicht, dass wir eine solche Geschenkeflut noch rund zehn bis fünfzehn Jahre durchhalten mussten und in dieser Zeit eigentlich nicht anbauen wollten (was bei unserem Reihenhaus auch gar nicht geht), wurde meiner Frau und mir schon gelegentlich mulmig. Großeltern zu bitten, ihren Enkeln statt Playmobil Geld aufs Konto zu überweisen, schied als Lösung aus, denn ich konnte mich nur allzu gut an ein Weihnachten erinnern, wo ich statt Lego oder Playmobil von meinem Opa die unglaubliche Summe von tausend Mark geschenkt bekam. Das war ein Riesenausnahmegeschenk, in jeder Hinsicht. Ich durfte den Schein einmal kurz fürs Foto in der Hand halten, dann verschwand er auf einem Konto, an das ich erst herankonnte, nachdem ich achtzehn geworden war. In finanzieller Hinsicht war das sicher sehr sinnvoll, als Kindergeschenk aber eine ziemliche Enttäuschung. Umgekehrt weiß ich als Vater aber nur zu gut, wie es ist, wenn eines meiner jüngeren Kinder von irgendwem zwanzig Euro geschenkt bekommt und dann verzweifelt durchs Kaufhaus rennt, um sie in der nächsten halben Stunde auszugeben. Nicht auszudenken, was mit tausend Mark geschehen wäre.

Diesbezüglich bin ich übrigens gar nicht so anders als meine Kinder. Mir ist Spielzeug auch wichtiger als Geld auf dem Konto. Der Gedanke, Geld zu haben und es nicht für alles Mögliche ausgeben zu können, ist denn auch einer der herausfordendsten, wenn es um das Thema Nachhaltigkeit geht. Schlichtweg „für später" zu sparen, fällt mir schwer, auf eine Urlaubsreise oder ein nettes technisches Spielzeug dagegen leicht. Das darf jedoch bei einem bewussteren Leben und dem damit verbundenen Konsumverzicht gerade nicht die Motivation sein.

Wir taten also in Bezug auf unsere Kinder etwas, was wir in sehr unregelmäßigen Abständen immer wieder tun: den Familienrat zusammenrufen. In ihm

> Im Familienrat hat jeder das gleiche Stimmrecht. Entscheidungen werden aber nur gemeinsam gefällt.

hat jeder das gleiche Stimmrecht, Entscheidungen werden aber nur gemeinsam gefällt. Eines schönen Sommertages erinnerten wir unsere Kinder daran, dass bald schon wieder Weihnachten ist (als ob sie das nötig gehabt hätten), und sagten ihnen, dass wir gern frühzeitig über das Thema Geschenke mit ihnen reden wollten. Interessanterweise stießen wir dabei auf offene Ohren. Denn die Kinder hatten längst aneinander ein gewisses Überdrussphänomen entdeckt, das ich ebenfalls nur allzu gut kenne. Zwei unserer Mädchen haben nämlich in den Wochen vor Weihnachten Geburtstag, was zu einer wahren Geschenkeorgie führte: morgens Geburtstagsgeschenke von den Eltern, nachmittags von den einen Großeltern, dann Kindergeburtstag mit Geschenken, dann beim nächsten Besuch Geschenke von den anderen Großeltern – um ein paar Tage später die ganze Prozedur (abgesehen vom Kindergeburtstag) noch einmal unter dem Stichwort „Weihnachten" zu wiederholen. Wenn man nicht aufpasste, wurden die Geschenke spätestens am ersten Weihnachtsfeiertag nur noch aufgemacht, kurz angesehen und mit der Frage weggelegt: „Und was gibt's noch?" Nicht zuletzt aus diesem Grund haben wir jahrelang die Geburtstagsfeiern dieser beiden auf den Sommer „verlegt".

Nun hatten wir eine noch viel radikalere Idee: Wir wollten uns gemeinsam von den Großeltern Geld wünschen, um es für eine Urlaubsreise nach Amerika auszugeben. Das ging aber nur, wenn die Kinder mitmachten, schließlich mussten sie Oma und Opa mit großen Knopfaugen ansehen und sagen: „Schenkt uns bitte Geld für die Flüge." Und es hat tatsächlich so gut funktioniert, dass wir uns seitdem schon oft ein gemeinsames Weihnachtsgeschenk überlegt haben. Die Kinder bekommen übrigens trotzdem noch etwas geschenkt, nur fällt es entsprechend kleiner aus. Das macht aber nichts, denn die Freude über eine Sache, mit der man wirklich spielt, erscheint größer als über einen Berg von Dingen, mit denen man doch erst einmal nichts anfängt.

Und eigentlich brauchen unsere Kinder auch gar nicht viel. Sie sind sowieso die meiste Zeit draußen. Und dort zählt das, was schon in den Kindheitstagen unserer Großeltern wichtig war: ein Ball, Bäume zum Daraufherumklettern, Schaukel und Rutsche, Sand, wenn es hochkommt: Fahrräder. Und natürlich: Bücher, Bücher, Bücher.

> Die Freude über eine Sache, mit der man wirklich spielt, erscheint größer als über einen Berg von Dingen.

schenken

teilen

Ich ahnte immer schon, dass Gerechtigkeit keine einfache Sache ist. Aber spätestens seit ich Kinder habe, weiß ich, dass auch Teilen nicht leicht ist. Um die ewigen Verteilungskämpfe zwischen meinem Bruder und mir zumindest in Teilbereichen zu beenden, entwickelten meine Eltern ein ziemlich effektives System. Wenn es darum ging, ein Stück Kuchen gerecht aufzuteilen, musste einer von uns den Schnitt setzen und der andere durfte wählen. Ab da wurden die Stücke tatsächlich einigermaßen gleich groß, ja wie von selbst entwickelte sich sogar ein raffiniertes System, mit dem man Dinge ausgleichen konnte, die nicht gleich waren. Bei einem Stück Schwarzwälder-Kirsch-Torte gibt es ja nur eine kandierte Kirsche, die man entweder herunternehmen und extra teilen oder einer der beiden „Hälften" zuteilen muss, weil ein Längsschnitt zwar theoretisch

> Ich ahnte immer schon, dass Gerechtigkeit keine einfache Sache ist.

möglich, aber denkbar matschig ist. Nach einer Weile hatten wir es heraus, wie in solchen Fällen trotzdem fair geteilt werden konnte: Wer die Kirsche hatte, bekam das kleinere Stück. Wie klein, hing davon ab, wie wichtig demjenigen, der die Teilung vornahm, die Kirsche war.

So gut das Verfahren funktionierte, es sorgte zwar für Gerechtigkeit, erfüllte aber nicht seinen eigentlichen Zweck. Die Streitereien hörten nicht auf, sie bekamen nur ein anderes Thema. Nun stritten wir darüber, wer teilen musste und wer wählen durfte. Denn der Wähler ist immer im Vorteil, schließlich kann so ein Schnitt auch mal danebengehen, aber dann gibt es keinen zweiten Versuch. Und eins ist sicher: An die Regel, dass man sich aus Höflichkeit immer das kleinere Stück nimmt, wenn man es sich aussuchen kann, hielten mein Bruder und ich uns nie. Als meine Eltern sie einmal vorschlugen, wurde sofort das Teilen attraktiv und wählen wollte keiner mehr. Interessanterweise diente es auch überhaupt nicht der Gerechtigkeit, heraus kamen vielmehr völlig ungleiche Stücke. Daraus habe ich etwas fürs Leben gelernt: Um die gerechte Verteilung macht man sich

eigentlich nur dann wirklich Gedanken, wenn der andere hemmungslos frei wählen darf.

Leider lässt sich dieses Verteilungsverfahren bei mehr als zwei Kindern nur noch bedingt anwenden. Theoretisch könnten wir unsere vier Süßen zwar in zwei Parteien aufteilen, von denen eine teilt und die andere wählt, und dann innerhalb der beiden Gruppen das Verfahren noch einmal wiederholen. Praktisch würde das aber nur zu einem Streit darüber führen, wer in welcher Gruppe sein darf beziehungsweise muss. Denn je nach verteiltem Gut ist mal der eine und mal die andere als Gegenüber interessant.

Das Verfahren berücksichtigt auch ein Problem nicht, das meine Eltern zu meinem großen Leidwesen als älterer Bruder stets ignorierten (sie würden das freilich anders sagen). Sie sind beide jüngere Geschwister, weswegen sie es vielleicht auch nicht als so drängend ansahen. Es geht darum, dass gerade in der Kindheit mit dem Alter bestimmte Privilegien verbunden sind. Wer älter ist, darf abends länger aufbleiben, bekommt mehr Taschengeld und darf früher allein weg. Und wie ich von mir selbst weiß, haben Kinder ein enorm gutes Gedächtnis zum Beispiel dafür, wie viel Taschengeld sie selbst vor zwei Jahren bekommen haben, um es mit dem zu vergleichen, was der kleine Bruder heute bekommt. Gefühlt lagen bei all diesen Punkten zwischen mir und meinem Bruder oft nur ein paar Monate, wenn überhaupt.

Diese Spanne konnte allerdings auf mehr als ein Jahrzehnt ansteigen, wenn es um andere Fragen ging. „Du bist doch der ältere Bruder, du solltest also der Vernünftigere sein", hieß es dann. In der Praxis war der Vernüftigere aber immer der Depp, er gab nach, er gab ab, er ließ den anderen gewähren. Vor allem dann, wenn der sich mit der typischen Waffe des scheinbar Unterlegenen einen unschlagbaren Vorteil verschaffte: Mein Bruder konnte auf Anhieb und ohne ersichtlichen Grund weinen. Das war eine Kunst, die ich nicht nur nicht beherrschte, die mir aber auch nur wenig gebracht hätte. Denn wenn es tatsächlich einmal auf meiner Seite Tränen gab, dann bekam ich keinen Trost, sondern eher ein „Du wirst dich doch wohl von deinem kleinen Bruder nicht unterkriegen lassen!" zu hören. Bei meinem Bruder funktionierte die Taktik allerdings ganz vorzüglich. Es gibt schließlich nichts Besseres, um Erwachsene in einen Streit hineinzuziehen, als weinende Kinder. Mit schlafwandlerischer Sicherheit werden sie sich auf die Seite des heulenden Kleinen schlagen, und dann muss der mit den trockenen Augen „vernünftig" sein oder es setzt was.

Teilen wird noch schwieriger, wenn es um weltweite Zusammenhänge geht. Denn hier ist vieles nicht gleich. Als Familie bewohnen wir zum Beispiel zu sechst zusammen mit vier Mäusen und einem Hund ein Reihenhaus. Für deutsche Verhältnisse haben wir damit vermutlich nicht uferlos viel Platz, weltweit betrachtet jedoch schon. In vielen Ländern der Zwei-Drittel-Welt leben Menschen und Tiere auf sehr viel engerem Raum. Aber es macht keinen Sinn, einfach nur die Quadratmeterzahlen zu vergleichen. Wie jeder aus Urlauben in südlichen Gefilden weiß, findet in warmen Ländern das meiste Leben sowieso draußen statt und man kommt nur zum Schlafen ins Haus. In Italien gab es sogar Wohnungen, die hatten ihre Küche auf dem Balkon. Das sind Verhältnisse, für die ich sehr viel Wohnraum aufgeben würde, wirklich. Wenn unser Klima wärmer wäre, hätte ich nichts dagegen, unser Haus noch unterzuvermieten, Hauptsache, ich hätte draußen genügend Platz.

> Teilen wird noch schwieriger, wenn es um weltweite Zusammenhänge geht.

Wie viel Wohnraum das jedoch gerechterweise sein müsste, ist schwer zu bestimmen. Wie viel Grad Celsius sind ein Quadratmeter? Und gilt diese Rechnung für alle Länder oder muss man noch einmal unterscheiden, ob es sich um eine trockene Hitze handelt oder eine schwüle Gegend mit regelmäßigen Regenzeiten? Unklar ist auch, wie man das Umfeld in die Rechnung einbeziehen müsste, denn es macht ja einen Unterschied, ob man seinen „Wohnraum" unter freiem Himmel in den Betonschluchten einer Großstadt genießt oder mit Blick auf eine atemberaubende Landschaft.

> Wer sich für eine gerechtere Welt einsetzt, muss ein Maß finden, nach dem beurteilt werden kann, was zu viel und was zu wenig ist.

Schon dieses ziemlich willkürlich gewählte Beispiel offenbart ein Dilemma, das sich in allen Bereichen zeigt. Wer sich für eine gerechtere Welt einsetzt, muss zunächst einmal ein Maß finden, nach dem beurteilt werden kann, was zu viel ist und was zu wenig. In unserer auf Maßlosigkeit programmierten Konsumwelt ist aber gerade das alles andere als eine leichte Übung. Zwar wissen wir alle, dass wir vergleichsweise viel haben. Aber wie viel wäre angemessen? Unser Patenkind in Äthiopien bekommt von uns vierzig Euro im Monat. Das ist dort so viel, dass damit eine ganze Dorfgemeinschaft unterstützt wird. Die Patenorganisation legt sogar großen Wert darauf, dass Einzelspenden, etwa zu Weihnachten, bestimmte, relativ kleine Beträge nicht übersteigen, weil das zu Ungerechtigkeiten, Neid und Missgunst im Dorf führen würde.

Vierzig Euro im Monat sind in Deutschland aber nicht viel. Ein Faltblatt des Kinderschutzbundes, das eines unserer Kinder aus der Schule mitgebracht hat, schlägt diesen Betrag als Taschengeld für Sechzehn- bis Siebzehnjährige vor, schränkt dann aber gleich ein: „Taschengeld ist Taschengeld. Es darf also nicht für Schulsachen, Kleidung oder so ausgegeben werden." Mit anderen Worten: In Äthiopien unterstützt man mit vierzig Euro im Monat ein Dorf, hier gilt es als angemessen, wenn ein Teenager denselben Betrag nur zum Verjubeln hat.

Betriebswirtschaftlich betrachtet lohnt sich damit eine Spende für Menschen in der Zwei-Drittel-Welt so sehr wie kaum eine andere Investition. Wo sonst könnte man mit so wenigen Euro so viel erreichen? Und letzten Endes können wir in Bezug auf die weltweite Ungerechtigkeit, die so groß ist, dass für eine knappe Milliarde Menschen selbst die Erfüllung der Grundbedürfnisse ein täglicher Kampf ist, den unzählige verlieren, auch kaum etwas anderes tun, als Geld zu spenden.

> Betriebswirtschaftlich betrachtet lohnt sich eine Spende für Menschen in der Zwei-Drittel-Welt so sehr wie kaum eine andere Investition.

Ich habe einmal einen Unternehmer getroffen, der genau das gesagt hat. Er hatte früher an einigen von Gemeinden organisierten ehrenamtlichen Einsätzen in armen Ländern teilgenommen und war alles andere als zufrieden davon zurückgekehrt. Das Gleiche galt für die übrige Gemeindearbeit. Schließlich bekannte er mir gegenüber ganz offen: „Ich kann nicht predigen; Gebetstreffen und so etwas sind auch nicht meins. Was ich kann, ist Geld verdienen. Also mache ich das und spende es." Ich ziehe meinen Hut vor diesem Menschen. Er hat nicht nur seine Gabe entdeckt, sondern auch sein Maß gefunden. Er lebte völlig bescheiden mit kleinem Häuschen und Mittelklasse-Gebrauchtwagen, jonglierte aber mit Millionen, wobei er die Gewinne zum größten Teil spendete.

Dass er sein Maß gefunden hat, macht mich schon ein bisschen neidisch. Schließlich bin ich in vielen Bereichen noch auf der Suche. In anderen jedoch nicht. Es ist unglaublich, wie viele Ressourcen freigesetzt werden, wenn man es gefunden hat. Während unser Nahrungsmitteletat dank der Umstellung auf nachhaltigere Produkte in den letzten Jahren etwas angestiegen ist, ist das Budget für Kleidung dagegen eher gesunken. Das führt dazu, dass wir eigentlich mehr Geld übrig haben, zumal wir nicht mehr so sehr von großen Anschaffungen träumen wie früher. Damit aber stellt sich die Frage nach seiner sinnvollen Verwendung, also danach, mit wem wir es teilen.

> Als Familie versuchen wir, in verschiedenen Bereichen so etwas wie ein Maß einzuhalten.

Den Kern bildet jedoch immer noch die Frage nach dem rechten Maß, denn wer kein Maß hat, wird bei mehr Geld eher ans Ausgeben denken als ans Teilen. Wir versuchen deshalb als Familie in verschiedenen Bereichen so etwas wie ein Maß einzuhalten. Es gibt Dinge, die gibt es nur am Wochenende – wie ein bestimmtes Essen, ein superleckeres Eis und lange Filmabende – dafür haben wir aber auch einen Fastentag pro Woche, an dem es nur sehr einfaches Essen gibt. Das gesparte Essensgeld, pauschal fünf Euro, spenden wir an Menschen, die sehr viel weniger haben. Diese Verbindung zwischen dem Maß und dem Teilen ist uns wichtig, damit die Kinder lernen, dass beides zusammengehört. Damit haben wir zumindest einen Ansatzpunkt, der noch erweitert werden kann und muss.

Das Schöne am Maßfinden und -halten ist, dass man dann auch Gelegenheiten ganz anders genießen kann, in denen Maßlosigkeit angesagt ist. Auf der Rückreise von den USA flogen wir einmal Erster Klasse, weil der Flieger hoffnungslos überbucht war und uns die Fluggesellschaft deshalb ein Upgrade spendierte. Mit so viel Beinfreiheit konnte ich kaum noch umgehen, noch mehr überforderte mich die Speisekarte, nach der ich mir mein eigenes Menü zusammenstellen musste. Die Kinder haben sich in der Zwischenzeit durch endlose Fernsehoptionen gezappt und die Stewardessen beschäftigt, die in diesem Bereich wirklich auf Manndeckung spielen. Es war schön, gerade weil es nicht selbstverständlich war. Und bei so manchem Luxus ist es ja gut, wenn man sich gar nicht erst daran gewöhnt.

> Das Schöne am Maßfinden und -halten ist, dass man dann auch Gelegenheiten ganz anders genießen kann, in denen Maßlosigkeit angesagt ist.

teilen

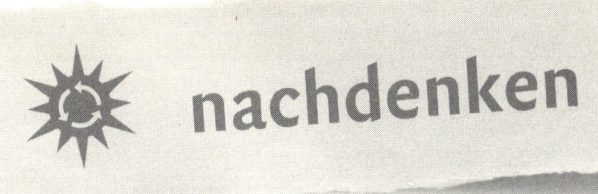

nachdenken

Und siehe, da stand ein Schriftgelehrter auf, versuchte ihn und sprach: „Meister, was muss ich tun, dass ich das ewige Leben ererbe?" Er aber sprach zu ihm: „Was steht im Gesetz geschrieben? Was liest du?" Er antwortete und sprach: „,Du sollst den Herrn, deinen Gott, lieben von ganzem Herzen, von ganzer Seele, von allen Kräften und von ganzem Gemüt, und deinen Nächsten wie dich selbst'". (5. Mose 6,5; 3. Mose 19,18) Er aber sprach zu ihm: „Du hast recht geantwortet; tu das, so wirst du leben."

Er aber wollte sich selbst rechtfertigen und sprach zu Jesus: „Wer ist denn mein Nächster?" Da antwortete Jesus und sprach: „Es war ein Mensch, der ging von Jerusalem hinab nach Jericho und fiel unter die Räuber; die zogen ihn aus und schlugen ihn und machten sich davon und ließen ihn halb tot liegen. Es traf sich aber, dass ein Priester dieselbe Straße hinabzog; und als er ihn sah, ging er vorüber. Desgleichen auch ein Levit: Als er zu der Stelle kam und ihn sah, ging er vorüber. Ein Samariter

aber, der auf der Reise war, kam dahin; und als er ihn sah, jammerte er ihn; und er ging zu ihm, goss Öl und Wein auf seine Wunden und verband sie ihm, hob ihn auf sein Tier und brachte ihn in eine Herberge und pflegte ihn. Am nächsten Tag zog er zwei Silbergroschen heraus, gab sie dem Wirt und sprach: Pflege ihn; und wenn du mehr ausgibst, will ich dir's bezahlen, wenn ich wiederkomme. Wer von diesen dreien, meinst du, ist der Nächste gewesen dem, der unter die Räuber gefallen war?"

Der Schriftgelehrte sprach: „Theoretisch derjenige, der die Barmherzigkeit an ihm tat. Aber du bist schon auf die Fangfrage ganz zu Anfang hereingefallen. Gerade du solltest nämlich wissen, dass man nichts tun muss, um das ewige Leben zu ererben. Ich nicht, der Priester und der Levit nicht und natürlich auch der Samariter nicht. Wenn er also trotzdem einem Menschen hilft, der unter die Räuber gefallen ist, dann ist das entweder ein Werk der Dankbarkeit oder zwischenmenschliche Solidarität oder vielleicht einfach nur die notwendige Voraussetzung für ein missionarisches Gespräch. Aber in keinem Fall hat das etwas mit dem Heil zu tun, sonst wäre es Werkgerechtigkeit."

Mit diesen Worten wandte er sich zum Gehen. Dann warf er noch einen Blick über die Schulter und sprach: „Übrigens wohnt der Samariter jetzt selbst in der Herberge. Dort gibt es Leute, die können ihm die Dinge, für die er immer nach Jerusalem musste, zu einem sagenhaft günstigen Preis besorgen. Deshalb muss er sich nicht mehr selbst auf die gefährliche Reise begeben. Samariter haben in Jerusalem ja eigentlich auch gar nichts verloren."

Schriftgelehrte wie diesen kenne ich leider nur allzu gut. Weil uns das ewige Leben sowieso sicher scheint, wird jeder Wunsch, die Welt ein bisschen besser oder wenigstens nicht noch schlechter zu machen, mit einem Mal verdächtig bis gefährlich. Dieselben Menschen, die darauf pochen, dass sich Christen an bestimmte moralische Maßstäbe zu halten haben, fragen nicht nach, wenn ihnen Dinge zu Preisen angeboten werden, wie sie sich nur Räuber leisten können. Denn um nichts anderes geht es letztlich. In einer Welt, in der alles seinen Preis hat, wird dieser Preis auch bezahlt – entweder von uns Konsumenten oder eben von Arbeitern, oft Frauen und Kindern, auf den Feldern und in den Fabriken der Zwei-Drittel-Welt und von nachkommenden Generationen in Form von ausgebeuteten Ressourcen.

> Weil uns das ewige Leben sowieso sicher scheint, wird jeder Wunsch, die Welt ein bisschen besser zu machen, mit einem Mal verdächtig bis gefährlich.

nachdenken

Ich kann deshalb ehrlich nicht verstehen, wie Menschen, die mit einem W.W.J.D.?-Armbändchen herumlaufen, ernsthaft überlegen können, ob Jesus ein bereitwilliger Komplize von Ausbeutung, Unterdrückung und Zerstörung geworden wäre. Die Frage stellt sich doch überhaupt nur, weil all das außerhalb unseres engen Gesichtskreises stattfindet. Wenn irgendeine der mörderischen Fabriken Asiens oder eines der vergifteten Baumwollfelder Afrikas vor unserer Haustüre wäre, würden wir dann auf dem Weg zum Gottesdienst seelenruhig vorbeifahren mit dem guten Gewissen, dass sich Jesus darum sicher nicht gekümmert hätte?

> Wir sollten uns ernsthaft überlegen, ob Jesus ein bereitwilliger Komplize von Ausbeutung, Unterdrückung und Zerstörung geworden wäre.

Dass es sich dabei nicht einfach nur um ein „weltliches" Problem handelt, sondern um ein geistliches, wird daran deutlich, dass es bei der ganzen Problematik eigentlich nur um zwei Dinge geht: Geld und Komfort. Faire Kleidung ist teuer, nachhaltige Lebensmittel sind es auch. Aber dabei geht es im Vergleich mit sehr, sehr vielen Menschen auf diesem Planeten nur um Kleckerbeträge. Selbst wenn ich mehr als die Hälfte meines Einkommens für Lebensmittel ausgeben müsste – und davon bin ich meilenweit entfernt – würde ich immer noch nicht mit dem Hunger kämpfen, sondern mich nur ein wenig mehr einschränken. Und wenn ich niemals wieder Auto fahren könnte, bekäme ich vermutlich vor allem stärkere Wadenmuskeln, aber mit Sicherheit stünde mein Überleben nicht auf der Kippe. Vermutlich würde ich sogar immer noch weniger laufen als Millionen Menschen in anderen Kontinenten, die jeden Tag weite Strecken allein zum Wasserholen zurücklegen.

> Selbst wenn ich mehr als die Hälfte meines Einkommens für Lebensmittel ausgeben müsste, würde ich immer noch nicht mit dem Hunger kämpfen.

Unsere Entscheidung, nachhaltiger zu leben, und die damit verbundenen Konsequenzen sind zudem ein Klacks gegenüber Lebensänderungen, die der Glaube Menschen in anderen Jahrhunderten abverlangte. Nehmen wir doch nur einen Plantagenbesitzer im neunzehnten Jahrhundert, der nach seiner Bekehrung seine Sklaven freiließ. Er war wirtschaftlich ruiniert und ging einer ungewissen Zukunft entgegen. Ich dagegen gebe nur an einer Stelle etwas mehr Geld aus, das ich aber anderswo – zum Beispiel bei elektronischem Schnickschnack – wieder einspare. Selbst von einem niedrigeren Lebensstandard bin ich also noch sehr weit entfernt.

Aber all das fängt im Kopf an. Ich muss mich von dem verabschieden, was ich für mein vermeintliches Recht halte, nämlich dass es mir ständig besser gehen soll, dass mein Lebensstandard zumindest nicht sinken darf und dass ich beides vor allem an materiellen Gütern messe. Und das ist gar nicht so einfach. Als mein Sohn vor einiger Zeit eine Taschengelderhöhung wollte, wurden Klassenkameraden als Vergleichsmaßstab angeführt. Statt jedoch angesichts der Statistik die Bezüge zu erhöhen, haben wir ein langes Gespräch mit ihm geführt. Es ging um die Frage, welche Rolle Geld für das eigene Selbstbewusstsein spielt. Ich habe von mir erzählt, wie ich mich fühle, wenn ich mein Gehalt mit manch anderen vergleiche. Davon, dass man das immer nach oben tut und deshalb nie genug hat. Aber auch davon, wie schmerzhaft es ist, wenn man mitbekommt, dass man in manchen Bereichen mit derselben oder mehr Arbeit sehr viel weniger bekommt als andere. Ich wäre gern frei von diesen Gedanken und Gefühlen, ich bin es noch lange nicht. Aber ich merke, dass mit dem nachhaltigeren Leben auch eine neue Dankbarkeit aufkommt für das, was ich schon habe.

Wenn man sich nämlich nicht nach oben, sondern nach unten vergleicht, sieht man erst einmal, in welch luftiger Höhe man jetzt schon unterwegs ist.

> Mit dem nachhaltigeren Leben kommt auch eine neue Dankbarkeit für das auf, was ich schon habe.

Das gegen einen nachhaltigen Lebensstil oft angeführte Argument, man könne sich doch nur um eine Sache kümmern, lasse ich nicht gelten. Selbst wer den ganzen Tag auf der Straße das Evangelium verkündet, kann trotzdem fair einkaufen. Es ist ja nicht so, dass man dazu in den Wald gehen und Wild jagen müsste, sondern man kauft es schlichtweg genauso im Laden oder auf dem Wochenmarkt wie die anderen Dinge auch. Das Gleiche gilt für Kleidung und andere Alltagsgegenstände. Nachhaltig zu leben bedeutet ja nicht, dass man sich gleich bei Attac oder Greenpeace engagieren muss. Das tun wir auch nicht. Es geht zunächst einfach nur darum, den eigenen Konsum zu überdenken.

> Meine größten Hindernisse in Bezug auf ein nachhaltigeres Leben sind Geld und Komfort.

Und wenn ich dabei wirklich kritisch bin, entdecke ich immer wieder, dass meine größten Hindernisse in Bezug auf ein nachhaltigeres Leben Geld und Komfort sind, oder um es drastischer zu sagen: Habsucht und Bequemlichkeit. Ich habe über alle die Bibelverse, in denen es um Geld geht, bestimmt schon zigmal gepredigt, aber wenn ich an der Fleischtheke stehe und sehe, dass regionales Biofleisch den Grillabend mit Hinblick auf die Preise zum Restaurantbesuch macht, fällt es mir trotzdem schwer, nach ihnen zu leben. An mein ewiges Heil denke ich dabei gar nicht, es geht eher um Motten und Rost und das, was sie fressen.

Von der immer wieder zu hörenden Alternative, dass man ruhig alle moralischen Maßstäbe fallen lassen sollte, weil Christen ja noch nicht einmal

nachhaltig leben, halte ich übrigens noch viel weniger. Ich denke nicht, dass Jesus einen Unterschied macht zwischen „rechten" und „linken" Geboten oder „konservativen" und „progressiven" Werten. Ihm ging es darum, in der gefallenen Schöpfung die neue zu repräsentieren, zu zeigen, wie Gott die Welt gemeint und gewollt hat und was er eines Tages wieder aus ihr machen wird. Er – nicht ich und auch nicht wir. Aber es gibt einen Unterschied zwischen Gott dabei im Wege herumzustehen und in dieselbe Richtung zu gehen.

Leider erlebe ich, dass vieles von unserer Theologie eher im Wege steht. Mir geht es dabei gar nicht um die großen Themen wie das Ende der Welt und die Wiederkunft Christi, obwohl auch darüber oft so geredet wird, als sei es egal, was wir bis dahin mit dieser Welt machen, die ja immer noch Gottes Schöpfung ist. Es sind eher die kleinen Dinge, die mich stören. Wie zum Beispiel die ewige Rede davon, dass Gott einen ja sowieso liebt, egal, was man macht. Das stimmt, aber Eltern, die praktisch nur diese Botschaft für ihre Kinder haben, werden sie nicht erziehen und rauben ihnen damit die Möglichkeit, als mündige Erwachsene Verantwortung für sich und andere zu übernehmen. Oder wenn oft so getan wird, als sei die Veränderung eines Charakters ausschließlich das Werk des Heiligen Geistes und der Einzelne müsse sich dabei nicht anstrengen. Ich wüsste keine Ethik, die so funktioniert – und wer sich mit offenen Augen unter Christen umschaut, sollte auch seine Zweifel bekommen.

Am verheerendsten finde ich jedoch die geistlich verbrannte Erde, die eine Theologie hinterlässt, in der Gottes Segen und irdisches Glück in Eins gesetzt werden. Das Gefühl, geliebt zu werden, Geborgenheit, Gesundheit, gelingende Beziehungen, Erfolg – all das ist sicher *ein* Ausdruck von Gottes Segen oder kann es zumindest sein. Aber es ist zu vage, um irgendetwas Geistliches darauf aufzubauen. Jesus hatte vieles davon nicht und war dennoch gesegnet, Hiobs Freunde hatten all das im Überfluss, waren aber trotzdem geistlich blind.

Vielleicht ist es also tatsächlich an der Zeit, an all diese Fragen wieder so heranzugehen wie Jesus es mit dem Schriftgelehrten getan hat. Der fragt ihn nach dem ewigen Leben, aber Jesus erzählt ihm davon, wie er barmherzig sein kann. Das sind zwei unterschiedliche Dinge, aber sie gehören zusammen, vor allem,

> Ewiges Leben und Barmherzigkeit sind zwei unterschiedliche Dinge, aber sie gehören zusammen.

nachdenken

> Barmherzigkeit beginnt damit, dass wir darüber nachdenken, wo wir durch unser Leben zu Ausbeutung und Zerstörung beitragen.

wenn man davon überzeugt ist, dass das ewige Leben schon hier beginnt und dass es sich dabei nicht um ein einsames Schlaraffenland nach dem Tod, sondern ein großes Beziehungsgeflecht handelt, eben eine Welt wie unsere, nur besser, in der man alle Freunde und Bekannte wiedertrifft und ein großes Fest feiert. Wenn das das ewige Leben ist, dann sollten wir wie der Samariter Barmherzigkeit tun. Und die beginnt damit, dass wir darüber nachdenken, wo wir durch unser Leben zu Ausbeutung und Zerstörung beitragen.

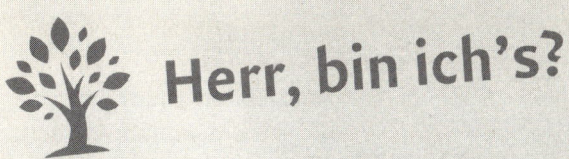

Herr, bin ich's?

Im flackernden Schein der Lampen fällt mein Blick auf Jesus. Schweigend sitzt er mir gegenüber, das Gesicht im Schatten. Trotz des schummerigen Lichts kommt es mir so vor, als ob ich ihn klarer erkennen könnte. Seine Welt ist mir immer noch fremd, aber nicht mehr so wie zuvor. Ich sehe immer mehr von dem, was er gesehen haben muss; vieles von dem, was er tat, kann ich nun besser verstehen. Seine Welt ist nicht meine, doch sein Leben eröffnet mir einen Einblick in sie.

Wie ist das mit ihm? Sehen diese Augen, die ich nicht erkennen kann, das, was ich auch sehe? Verstehen sie meine Zeit, ihre Rastlosigkeit, ihre ständige Suche nach Status und Anerkennung, ihre Einsamkeit und Verlorenheit? Würden sie meine Gemeinde verstehen und – ich wage es kaum auszusprechen – würden sie in ihr die Nachfolger der Männer entdecken, die hier mit Jesus um diesen Tisch sitzen?

Ich versuche mir vorzustellen, wie diese Menschen in „frommen" T-Shirts aussähen, wenn ihnen

„Jesus saves!" auf der Brust prangte und F.R.O.G.-, P.U.S.H.- und ähnliche Bändchen ums Handgelenk baumelten. Ich male mir aus, dass irgendwo ein Fisch-Aufkleber zu erkennen wäre und im Hintergrund sanfte Lobpreismusik ertönte. Vor meinem geistigen Auge platziere ich die Jünger in einen unserer Kindergottesdienste, sehe, wie sie „Gott ist bei dir" mit einem Filzschreiber auf einen Stein schreiben. Ich höre Predigten, die ihre Botschaft in angewandte Lebenshilfe verkehren oder in Aufrufe zur Entscheidung oder einfach nur in ein schlichtes „Gott liebt dich". Ich denke an inbrünstige Gebete für einen anderen Job, die Zuneigung einer Frau oder besseres Wetter am Urlaubsort.

Mein Blick fällt wieder auf Jesus, auf sein Gesicht im Schatten, auf seine rauen Hände, die bald ans Kreuz geschlagen werden. Ich denke an die Botschaft vom traurigen Gott, der so gern mit uns Gemeinschaft hätte, aber unsere Entscheidung akzeptiert, weil er keine Marionetten geschaffen hat. Ich denke an die andere Botschaft, an die vom zornigen Gott, der am Ende der Zeiten wiederkommen und alles vernichten wird, was ihm entgegensteht – schließlich haben dann alle ihre Chance gehabt, eine freie Entscheidung zu treffen. Und ich denke an die Botschaft vom lieben Gott, der immer zu uns steht, unsere Sehnsüchte erfüllt und möchte, dass wir glücklich sind. Ich frage mich, ob er da vor mir sitzt, ob das sein Gesicht ist, seine Hände, ob das seine Pläne waren, seine Gedanken, seine Ziele in dieser letzten Nacht vor dem Kreuz. Und ich frage mich, wie ich ihm nachfolgen soll, wie ich mich seiner würdig erweisen kann in einer Welt, die so anders ist und doch so gleich.

Mein Blick fällt auf die Schüssel mit dem Brot. Seine Hände, die noch nicht durchbohrt sind, nehmen ein Stück daraus. Sie heben es hoch, er spricht ein Dankgebet, dankt dem guten Schöpfer dafür, dass er uns mit seinem Brot ernährt. Dankt für das Leben, das daraus kommt. Dankt dafür, dass dieser Schöpfer seine Schöpfung nicht im Stich gelassen hat, sondern sich nun aufmacht, sein Reich zu bauen. Sie zu verwandeln, sie zu erneuern, sie frei zu machen und für immer zu verändern.

Und dann nimmt er das Brot, bricht es und reicht mir ein Stück. „Nehmt hin und esst, denn dies ist mein Leib, der für euch gebrochen wird."

Weitere Titel von Thomas Weißenborn

Christsein in der Konsumgesellschaft
Nachdenken über eine alltägliche Herausforderung
ISBN 978-3-86827-131-7
144 Seiten, Paperback

Identität, Individualität und Heimat sind in der Konsumgesellschaft zu einer schnell vergänglichen Ware geworden. In seinem Buch zeigt Weißenborn die dahinter stehenden Zusammenhänge auf und begibt sich auf die Suche nach Ansätzen für ein Christsein jenseits der Konsummentalität.

Im Himmel gibt es keine Windeln
Ein Familienvater packt aus
ISBN 978-3-86122-807-3
128 Seiten, kartoniert

Der Test war positiv? Kein Grund zur Panik – sollte der Schwangerschaftsteststreifen blau anlaufen, müssen Sie es ihm nicht gleichtun! Es ist noch kein Papa vom Himmel gefallen, auch ein Cowboy wie Sie kann das lernen! Sollten „Beckenbodentraining" oder die korrekte Berechnung der Pippistoppintervalle noch böhmische Dörfer für Sie sein, dann folgen Sie dem Autor. Er hat dieses unbekannte Land schon viermal durchritten und weiß, wo es langgeht. Sie werden lachen, Sie werden staunen, vor allem aber werden Sie merken: Jeder kleine Stinkefußindianer ist ein glitzernder Nugget Gottes für Sie!

„Das Beste waren aber noch die Ultraschallbilder. Obwohl ausgedruckt und fröhlich im Verwandtenkreis herumgereicht, ist mir bis heute nicht klar, was darauf eigentlich zu sehen ist. Und wahrscheinlich auch keinem anderen. Aber so etwas gibt Mann ja nicht zu, schließlich ist ein Ultraschall ein technisches Gerät, mit dem Mann sich natürlich bestens auskennt. Beim Arzt blickt er also fasziniert auf einen Bildschirm voller grauer Streifen, die sich mit jeder Bewegung verändern. Ehrlich gesagt war ich mir nie sicher, ob es sich bei den für die Krankenkasse sicher nicht ganz billigen Fotos nicht doch um die Wetterkarte von gestern Abend gehandelt hat ..."

Weitere Lesetipps

Tobias Faix
mit Aimée und Lilly
**Das ist Erpressung!
Nein, Erziehung!**
*Vater-Tochter-Dialoge über den ganz
normalen Wahnsinn des
Familienalltags!*
ISBN 978-3-86827-310-6
96 Seiten, gebunden, illustriert

Kinder sind das Tollste auf der Welt, findet Tobias Faix, selbst Vater zweier Töchter, und so hat er Erlebnisse aus seinem Familienalltag gesammelt und aufgeschrieben. Daraus sind die Vater-Tochter-Dialoge geworden. Darin geht er zusammen mit seinen Töchtern Aimée und Lilly ganz ungeschminkt und ehrlich den »wirklich wichtigen« Fragen des Lebens auf den Grund:

- »Wer ist eigentlich der Boss in unserer Familie?«
- »Wenn ich gleichzeitig rülpsen und pupsen kann, bin ich dann multitasking?«
- »Warum gibt es an Erntedank keine Bananen?«
- »Wer hat eigentlich Gott geschaffen?«

Ron Hall, Denver Moore
mit Lynn Vincent
Genauso anders wie ich
Eine unglaublich wahre Geschichte
ISBN 978-3-86827-307-6
280 Seiten, gebunden

Ein moderner Sklave, ein erfolgreicher Geschäftsmann und die unglaubliche Frau, die beide zusammenbrachte.

»Genauso anders wie ich« ist die Geschichte eines gefährlichen Landstreichers, der wie ein Sklave auf den Baumwollfeldern Louisianas aufwuchs, eines Kunsthändlers von Rang und Namen, der in der Welt von Armani und Chanel zu Hause ist, und einer mutigen Frau, die die beiden zusammenbringt, weil sie konsequent ihren großen Traum verfolgt.

Es ist eine wahre Geschichte, die so unglaublich ist, dass kein Romanschriftsteller sie hätte erfinden können.
Sie nimmt ihren Anfang in einer brennenden Hütte auf einer Plantage in Louisiana, in einer mondänen Villa in Hollywood und – mitten im Herzen Gottes. Und sie mündet in einem faszinierenden Projekt, das eine ganze Stadt verändert und Tausenden neue Hoffnung bringt – initiiert von zwei Männern, die unterschiedlicher nicht sein könnten.
Packend und ergreifend schildern Ron Hall und Denver Moore ihre Geschichte, und durch alle Grautöne hindurch schimmert mit jeder Seite intensiver die leuchtende Liebe Gottes.

Chi Huang mit Irwin Tang
Der Slumdoc
ISBN 978-3-86827-372-4
288 Seiten, gebunden

"Aber das ist doch nur Lumpengesindel, lauter Junkies und Diebe. Für sowas würde ich nie und nimmer mein Geld opfern, das sind die doch überhaupt nicht wert."

Für Dr. Chi Huang, den „Slum-Doc", sind solche Worte, die er immer wieder von den Menschen aus seiner Umgebung hören muss, unerträglich.

Die Straßenkinder von La Paz können nicht anders, als sie zu glauben. Das ist der Refrain, der ihrem Herzen den Rhythmus vorgibt, das Urteil, das sie zu einem Leben in der Kloake der bolivianischen Hauptstadt verdammt.

Doch dort in den finsteren Gassen, wo es keinen Gott zu geben scheint, findet „Dr. Chi" etwas Wertvolles. Der Harvard-Absolvent und angehende Mediziner entdeckt Ende der neunziger Jahre bei jenen ungewollten und verlassenen Kindern in allem Tragischen einen Hoffnungsschimmer, der sein Leben und seinen Schulbuch-Glauben für immer verändert.

Björn Wagner, Mirja Wagner
Wunderkinder
Wie wir doch noch eine Familie wurden
ISBN 978-3-86827-309-0
144 Seiten, gebunden

Björn und Mirja Wagner erzählen offen und ehrlich von ihrem schweren Weg zu ihren Kindern. Geschrieben abwechselnd aus der Perspektive der Ehefrau und des Ehemanns nehmen die beiden den Leser mit hinein in ihre Fehlgeburt, die schwierige, hochdramatische zweite Schwangerschaft, die Geburt, bei der die Mutter so in Lebensgefahr gerät, dass sie erneut operiert werden muss und danach keine Kinder mehr bekommen kann, in ihren Entschluss zur Adoption und schließlich den Weg zu einer glücklichen Familie zu viert. Dabei legen die Autoren ein herzzerreißendes Zeugnis ab, wie es in dieser Zeit um ihre Gottesbeziehung bestellt war, lassen den Leser an ihren Glaubenskämpfen und ihrem Ringen mit Gott teilhaben und daran, wie sie trotzdem immer wieder seine Gegenwart spüren durften.

Ein großartiges Buch, das ermutigt, zum Staunen einlädt und sicherlich vielen Menschen, die womöglich ähnlich Schweres durchmachen, zum Segen werden kann.

Brian McLaren
Höchste Zeit, umzudenken!
*Jesus, globale Krisen und
die Revolution der Hoffnung*
ISBN 978-3-86827-045-7
280 Seiten, Paperback

Einer Frage konnte Brian McLaren die vergangenen 20 Jahre nicht aus dem Weg gehen: Welche Bedeutung haben das Leben und die Lehren Jesu Christi für die aktuellen globalen Missstände?
Begleiten Sie den Autor auf der Suche nach einer Antwort auf diese spannende Frage. Lassen Sie sich mitnehmen in eine neue und herausfordernde Sicht auf Jesus und seine Lehren. Sie werden erleben, dass seine Botschaft auch uns heute mit einer neuen Vision und Leidenschaft erfüllen kann. Lösen Sie sich von den wohlbekannten Klischees und vorgefertigten Meinungen und erkennen Sie die revolutionäre Kraft, die schon von Anbeginn in Jesu Botschaft enthalten war. Die Botschaft Jesu ist mehr als ein Freifahrtschein in den Himmel oder ein Rezept für Wohlstand. Sie ist eine Einladung zu einer persönlichen und auch globalen Transformation. Sie stellt die Normen, die unseren Systemen zugrunde liegen, radikal in Frage. Es ist höchste Zeit, um zu denken. Fangen wir an umzudenken.